LUser & Me.

Der Alltag eines Informatikers.

Herstellung und Verlag: Books on Demand GmbH, Norderstedt

Copyright © 2007 by André Pflaum

ISBN: 978-3-8370-0691-9

1. Auflage 2007

Bibliografische Information der Deutschen Nationalbibliothek

Die Deutsche Nationalbibliothek verzeichnet diese Publikation in der Deutschen Nationalbibliografie; detaillierte bibliografische Daten sind im Internet über http://dnb.d-nb.de abrufbar.

Inhalt

Danksagung & Widmung

Als erstes möchte ich natürlich allen Benutzern danken, welche mich zu diesem Buch inspiriert haben. Ohne diese wäre es nicht möglich gewesen, so viel Papier mit netten Erlebnissen zu füllen.

Danken möchte ich allen Leuten, die mich bei diesen Projekt unterstützt haben – auch wenn dies teilweise nur durch ein „Lachen" war: Patricia Meier, Giuseppe Polimeni und auch meiner Mutter. Meine Frau Nadja und die kleine Léonie – unser kleiner Sonnenschein – mussten während des Schreibens oft auf mich verzichten: Auch ihnen gilt mein Dank!

Ein spezieller Dank geht an Uwe Herrmann! Er hat meine Vorstellungen der Illustrationen perfekt in Szene gesetzt. Falls auch Sie einmal einen professionellen Zeichner benötigen: unter www.karikaturist.de finden Sie diesen!

Gerne widme ich dieses Buch allen Informatikern dieser Welt, welche sich mit LUsern herumschlagen müssen. Ich möchte Ihnen damit zeigen, dass Sie nicht alleine sind – finden Sie Trost in diesem Buch und sparen Sie sich die Kosten eines Psychotherapeuten! Vielleicht steuert sogar Ihre Krankenkasse etwas zum Kaufpreis dieses Buches bei...

über den Autor

 André Pflaum absolvierte eine Ausbildung zum „Informatik-, Anwendungsentwickler" und hat sich stets weitergebildet. Ende 1999 gründete er seine eigene Firma: Die iTrain GmbH.

Die Firma iTrain bietet heute eine Vielzahl von IT-Lehrgängen und –Kursen an, welche in der Schweiz, sowie auch in Dubai durchgeführt werden. Die meisten Kurse werden direkt von André Pflaum selbst gehalten, da er gerne am Puls der Zeit ist und es geniesst, jemandem etwas beizubringen. Speziell seine Kurse in Dubai sind natürlich ein Genuss – nicht nur für die Teilnehmer, sondern auch für ihn selbst: Dubai ist eine grossartige Stadt, welche dem stetigen Wandel unterworfen ist – wie die Informatik auch.

Seit dem Jahr 2007 führt die iTrain GmbH zusammen mit Partnern einen alljährlichen IT-Fachkongress unter dem Namen „geekmania" durch. Hier erfahren Sie direkt vom Autor dieses Buches, sowie anderen Top-Speakern alles Wissenswerte zu den neusten Microsoft- und sonstigen IT-Technologien. Weitere Informationen hierzu erhalten Sie unter www.geekmania.ch.

Mich kann man zudem mieten, falls Sie jemals von einem Benutzer belästigt werden! Gerne biete ich Ihnen Dienstleistungen wie z.B.:

- Schulungen für Benutzer in Bereichen der Sicherheit (welche ich schon für verschiedene Firmen erfolgreich durchführen durfte)
- Sündenbock nach der missglückten Einführung einer neuen Software in Ihrer Unternehmung
- Aufbau einer Verteidigungs-Strategie (auf dem Politics-Layer, welcher später im Buch noch genauer erörtert wird)
- für Beratungen der IT-Abteilung beim Umgang mit Benutzern (sei es auch bei noch so sinnlosen Team-Building Veranstaltungen)
- und auch als Berufskiller

Anfragen können Sie jederzeit an meine persönliche E-Mailadresse a.pflaum@itrain.ch richten. Ich bin skrupellos und absolut käuflich!

Einleitung

Ich weiss: Einleitungen sind meistens sehr öde und nicht lesenswert. Bedenken Sie jedoch dabei, dass Sie für jede Seite dieses Buches ein Vermögen bezahlt haben! Es wäre doch schade, wenn Sie nur deshalb einen grossen Teil dieses Buches überspringen würden!

Ich gebe es ja zu: Einleitungen dienen dem Autor eines Buches meist nur dazu, die Seitenzahl in die Höhe zu treiben. Dabei gilt die Regel: Je höher die Seitenzahl, desto höher der Preis des einzelnen Buches. Nur eine Tatsache kann dies noch toppen: Nämlich eine Begleit-CD! Diese beinhaltet meistens nur nutzlosen Mist, mit dem Ziel, dem Käufer des Buchs noch mehr Geld aus der Tasche zu ziehen (selbstverständlich ist das in meinen eigenen Büchern nicht der Fall).

Hinweis: Schon einmal vorweg: Dies ist ein ehrliches Buch ohne kommerzielle Hintergründe – man könnte es fast schon mit Open-Source vergleichen!

Falls mein Verlag diesen Text überhaupt abgedruckt hat und Sie diesen demnach lesen können, wissen Sie, wie der Hase läuft. Machen Sie mir an dieser Stelle bitte den Gefallen und reissen Sie diese Seite aus dem Buch und verbrennen Sie diese! Man weiss nie, ob doch einmal irgendwann mein Lektor über diese Zeilen stolpert und mich dann deshalb verklagt!

Im Ernst: Es lohnt sich, diese Einleitung zu lesen! Auch eine Einleitung kann Ihnen das Leben bereichern! Sie würden doch auch kein Haus kaufen und dann nur in den oberen Stockwerken wohnen – oder? Auch ein Keller kann seinen Reiz haben, wenn dieser auch sehr kalt und karg eingerichtet ist...

Wie kommt man auf eine solche Idee?

Ich habe schon mehrere Fachbücher im IT-Bereich erfasst. Nach einer „Security Awareness"-Schulung für einen Kunden kam mir eines Abends plötzlich die spontane Idee, die Sorgen der Sys-Admins niederzuschreiben. Viele Erlebnisse mit Benutzerproblemen in der Vergangenheit waren zudem sehr inspirierend. So dachte ich mir: „Nachdem ich nun schon IT-Fachbücher mit einer Prise Humor geschrieben habe, könnte ich nun endlich ein humorvolles Buch mit einer Prise IT schreiben."

Und zudem: „Es ist doch eine gute Idee, den eigenen Frust abzulassen und gleichzeitig Geld damit zu verdienen – oder?"

Von Namen und Tatsachen

Ich möchte explizit darauf hinweisen, dass die in diesem Buch verwendeten Namen keinen Zusammenhang mit irgendwelchen realen Persönlichkeiten haben – auch wenn diese teilweise sehr ähnlich klingen; z.B. wie der Name meines Steuerkommissärs! Zudem möchte ich in diesem Buch auch keineswegs die Fahne für bestimmte Produkte hochhalten, noch irgendwelche Produkte verunglimpfen. Ich bin eigentlich sehr „tierlieb" und bin der Meinung, dass auch ein Faultier ein explizites Recht darauf hat, sein Leben verschlafen zu können!

Alle der beschriebenen Tatsachen, welche als Beispiel in diesem Buch erwähnt sind, beruhen auf wahren Begebenheiten, welche ich im Laufe meiner Karriere erleben durfte. Ich bin mir darüber hinaus auch sicher, dass ich in einigen Jahren einen zweiten Band über dieses Thema schreiben könnte, da viele neue Tatsachen mit dazu kommen werden! Weiter ist es mir auch bewusst, dass auch Sie bestimmt viele weitere Beispiele aus dem Ärmel schütteln könnten. Falls dem so ist, dann fühlen Sie sich bitte frei, Ihren entsprechenden Frust von der Seele zu schreiben, indem Sie mir eine E-Mail an luser@itrain.ch senden. V.a. wenn es Ihnen dabei hilft, Ihren Frust zu vergessen und Sie sich anschliessend wieder auf Ihre Arbeit konzentrieren können!

Darstellung der Tatsachen / Sinn dieses Buches

Dieses Buch verfolgt ein einziges Ziel: Den Sachverhalt so ketzerisch wie möglich darzustellen. Falls Sie eine zartbesaitete Seele sind, dann stoppen Sie spätestens an dieser Stelle und lesen Sie auf keinen Fall weiter! Dieses Buch kann Ihre Gefühle in den tiefsten Ebenen erschüttern! Wie heisst es in der Werbung? „Ist dieses Buch zu stark, dann sind Sie zu schwach" – oder so ähnlich.

Das Ziel dieses Buches ist es primär, Ihnen ein paar unbeschwerte Stunden beim Schmökern zu bereiten und gleichzeitig zwischen den Zeilen etwas zum Nachdenken zu geben. Gehen Sie jedoch nicht vom Inhalt eines IT-Fachbuchs aus – das ist ganz einfach nicht das Ziel, welches dieses Werk verfolgt!

Viele Begebenheiten sind (leicht) überspitzt dargestellt und entsprechen nicht der Realität. Versuchen Sie bitte auch auf keinen Fall, die in diesem Buch erwähnten Situationen nachzustellen! Es besteht dabei erhöhte Verletzungsgefahr der Lachmuskeln! Seien Sie nicht böse auf mich, falls ich einmal eine andere Meinung haben sollte und Sie in Ihren Grundsätzen erschüttere – nicht ganz alles ist so gemeint, wie es in diesem Buch geschrieben ist.

Vielleicht haben Sie etwas bemerkt: Mit dem Lesen dieses Abschnitts haben Sie jegliche Ansprüche auf eine erfolgreiche Anklage meiner Person verwirkt und können keinen Schadensersatz mehr geltend machen!

Weshalb „LUser"?

An einem IT-Fachkongress habe ich einmal spontan in einer Session behauptet, dass man einem Benutzer (User) einfach ein „L" voranstellen könne. So ist ein neues Unwort in der deutschen Rechtschreibung entstanden: „Der LUser". Gleich vorweg: Ich bin absolut der Meinung, dass „auch Benutzer Gefühle haben" und diese möchte ich keineswegs verletzen!

Diese Gefühle erfuhr ich auch von einem einzelnen Kongress-Teilnehmer: Er stand solidarisch dafür ein, einen Benutzer nicht mehr lieblos "LUser" zu nennen, da er ja immerhin unser Brötchengeber ist. Diese Aussage ist zumindest korrekt, wenn man im Endkunden-Support arbeitet - meine Auftraggeber sind jedoch meistens diejenigen Personen, welche dafür sorgen, dass diesen nicht zu viele LUser auf der Tasche sitzen - d.h. diejenigen, welche den Betrieb möglichst automatisieren möchten, um Personalkosten zu sparen (und die Steigerung des ROIs kommt doch auch in jedem Traum eines Managers in Form von vielen bunten Pie-Charts vor).

Wie auch immer: Auch ich habe ein Herz für Benutzer (mein Auto trägt sogar den Aufkleber: "Ich bremse auch für LUser") - habe jedoch meinen Sinn zum Humor nicht verloren und lache gerne über alltägliche Dinge und auch oft mal über mich selbst - auch Admins sind nicht unfehlbar, was ich in meinen Sessions in den Kongressen und Schulungen auch stets nicht zu rar erwähne.

Deshalb möchte ich diesen einzelnen anonymen Kommentar in dieser Umfrage mit folgendem Satz des römischen Dichters Horaz kommentieren: "Ein Scherz, ein lachendes Wort entscheidet über grösste Dinge oft treffender und besser als Ernst und Schärfe." - und zudem noch mein eigenes Zitat als Ergänzung: "Die Anregung des Lachmuskels macht den Weg vom Ohr ins Gehirn frei, ohne den Gähnmuskel zu reizen".

Hinweis: Das Wort „LUser" ist eigentlich keine neue Erfindung von mir selbst. Dieses Wort ist schon 1975 am Massachusetts Institute of Technology (MIT) entstanden, als eine

Statusmeldung aus Spass in „Loser" geändert wurde. Des Friedens wegen hat man jedoch dieses Wort ziemlich kurz darauf in „LUser" abgeändert, um politisch korrekt zu sein. Diese Tatsache zeigt auch sehr eindrücklich, dass es heutzutage kaum mehr Dinge gibt, welche man erfinden könnte. Genau genommen ist dieses Wort gar schon älter als ich selbst!

In diesem Sinne nichts für ungut und ein grosses Hoch auf die LUser, welche den Druck dieses Buches ermöglicht haben!

Aufbau dieses Buches

Dieses Buch baut auf verschiedenen Missverständnissen zwischen LUsern und Informatikern auf. Hierfür verwende ich verschiedene Elemente zur Visualisierung der Probleme:

Dialoge

In den Dialogen zwischen der IT und den Benutzern versuche ich Ihnen einen tiefen Einblick in die Gedanken unserer Kunden zu geben. Natürlich möchte ich es nicht missen, die Gedanken der IT-Leutchen aufzugreifen, damit Sie sehen, dass es doch noch Freunde gibt, welche gleich denken, wie Sie!

Hinweis: Nein – Sie sind nicht alleine! In dieser grossen weiten Welt gibt es noch Personen, die Sie verstehen und mitleiden!

Fazit

Ich bringe Sie ja gerne zum Schmunzeln – aber Sie glauben doch nicht daran, dass ich Ihnen einfach ein Buch verkaufe, aus welchem Sie nicht auch zumindest eine Kleinigkeit lernen können – oder? In diesen Abschnitten versuche ich Ihnen zu visualisieren, wie Sie in Zukunft besser mit den angesprochenen Situationen umgehen können, ohne sich gleich am nächsten Kronleuchter aufzuhängen.

Hinweis: Falls Sie es dennoch nicht lassen können: Der Henkers-Knoten besteht aus einer frei laufenden Schlinge, die um den Hals des Verurteilten gelegt wird und sich beim Erhängen durch sein Gewicht zuzieht. Herkömmlicherweise wird der Knoten unmittelbar unter und hinter dem linken Ohr angelegt und besteht aus acht bis dreizehn halben Schlägen (Wickelung des Seils).

Vokabular

Hatten Sie auch schon einmal das Gefühl, dass Ihr LUser Sie nicht versteht? Ich möchte mit diesen Abschnitten zur Völkerverständigung beitragen! Die LUser-Sprache ist nicht all zu schwer zu erlernen – zumindest nicht schwerer als z.B. Japanisch oder Chinesisch!

Bevor wir jedoch in die Untiefen der Gedanken und Handlungsweisen eines LUsers vorstossen, müssen wir erst einmal mehr über dessen Herkunft und Beschaffenheit erfahren.

***Hinweis:** Versetzen Sie sich einmal zurück in Ihre Kindheit. Welche Rolle haben Sie dabei auf dem Schulhof eingenommen? Waren Sie ein Jäger oder ein Gejagter? Wie oft mussten Sie Ihre Unterhosen nach der grossen Pause zurecht rücken? Wie oft haben Sie Ihr Pausenbrot oder Ihr Taschengeld abgegeben?*

Auch die Politik war damals schon sehr wichtig: War man ein Mitglied einer starken Allianz (z.B. in der Redaktion einer Schülerzeitung), so war man praktisch unantastbar. Viele Dinge liefen also auch in der Schule schon über bilaterale Abkommen, Bündnisse und Social Engineering.

Die Entscheidung hing sehr oft auch vom Studium des Gegenübers ab. Es galt stets die Schwachstellen zu finden und diese richtig anzugreifen.

Sie müssen also vorher möglichst viel über Ihren persönlichen Feind, den LUser, in Erfahrung bringen. Jeder hat eine Schwachstelle, Ängste oder weist Fragmente einer dunklen Vergangenheit auf! Im Kampf zwischen LUsern und der IT gewinnen zwischendurch auch einmal die Kleinen, wenn die Recherchen genügend detailliert durchgeführt wurden.

Hätte der US-Präsident damals dieses Buch gelesen, wäre ein Angriff auf Vietnam, den Irak und auch auf Japan undenkbar gewesen. Die Welt hätte in Frieden und Harmonie gelebt. Es geht also nicht um die Grösse, sondern vielmehr um die Achillesverse. Ein gepflegter Dschungel, ein paar Ölquellen oder Einweg-Flugzeuge können da sehr hilfreich sein!

Um die Situation weiter zu visualisieren, denken Sie einmal an die Geschichte von David und Goliath.

Hinweis: *Damit mir auch noch die Letzten im Bunde folgen können: Goliath = LUser / David = Sie!*

Ein kleiner Stein kann also die ganze Geschichte verändern! Genau zu diesem Stein möchte ich Ihnen im Laufe dieses Buches verhelfen. Die Schleuder dazu können Sie anschliessend zum Spezialpreis von NUR EUR 5.00 unter www.itrain.ch/schleuder erwerben - und wenn Sie diese Seite in den nächsten 5 Minuten ansurfen, erhalten Sie sogar eine zweite Schleuder kostenlos mit dazu!

Evolution der Menschheit

Um die spezielle Gattung der LUser besser verstehen zu können, müssen wir in der Geschichte – der Evolution der Menschheit – ganz weit zurückgehen: Wir alle stammen ursprünglich vom Affen ab (auch wenn die Bibel da etwas anderes behauptet; wobei hierbei genau betrachtet die liebe Eva die erste LUserin war).

Der erste Schritt

Die Weiterentwicklung der Affen brachte den „Homo Erectus" hervor, welcher in der IT-Sprache auch „Telco" (oder „56-Kilobitus") genannt werden kann – der analoge Mensch. Dieser musste sich lediglich mit so wunderbaren Störgeräuschen auf den Telefonleitungen herumschlagen und schauen, dass am anderen Ende dennoch etwas halbwegs Verständliches an Daten herauskommt. Telco's installierten auch gerne die beliebten

BBS-Hosts, bei welchen man sich schon damals mit den aktuellsten Musikstücken, Programmen und anderem bedienen konnte.

Hinweis: *Somit waren auch schon die ersten Raubkopierer geboren, was damals jedoch die Musikindustrie noch kaum störte.*

Das waren noch wunderschöne Zeiten, als man den guten alten Telefonhörer noch auf eine Modulationseinheit aufschnallen konnte und die Sicherungen der Dateien auf Kassetten erledigte…

Die Grossverdiener kommen

Plötzlich war es nicht mehr notwendig, ein Spezialist in seinem Bereich zu sein – die Menschheit merkte, dass man auch etwas verdienen kann, indem man einfach ein bisschen „Dummschwatzte": Die Consultants (was für ein Fluchwort) – auch „Chargus Maximus" genannt – waren geboren!

Hinweis: *Ein Techniker heisst Techniker, da er etwas von Technik versteht. Ein Netzwerk-Administrator heisst so, weil er ein Netzwerk administriert. Ein Supporter heisst so, da er uns Support* *leisten kann. Für was zum Geier steht dann das Berufsgebiet eines Consultants?*

Diese zähe Spezies hat bis heute überlebt. Auch im aktuellen Zeitalter gibt es noch Consultants! Consultants sind Fleischfresser und können nicht genug davon bekommen. Seien Sie demnach auf der Hut!

Die Evolution geht weiter

Die nächste Epoche brach heran und brachte innert kürzester Zeit die Webdesigner hervor – auch genannt: „Majoris Bandwidthus" – eine besonders ekelhafte Gattung, welche sich keine Gedanken über das langsame analoge Leben eines „Telco" machte und mit vielen schönen bunten Grafiken das neu geborene Internet verlangsamte.

Hinweis: Würden Sie nicht auch lieber auf Webseiten surfen, welche lediglich Text beinhalten (in der Schriftart „Times New Roman")? Das Internet würde heute dann in Relation etwa gleich schnell funktionieren, wie die Installation von Windows NT 4.0 auf heutiger Hardware.

Webdesigner haben den Hang zur Selbstdarstellung – ohne Rücksicht auf die Usability zu nehmen! Um das Jahr 2000 versuchten diese die Weltherrschaft an sich zu reissen, indem Grafik-Viren auf zahlreichen Websites verteilt wurden. Auch im heutigen Zeitalter stolpert man noch oft über die Blindgänger dieser Epoche!

Die Vollendung

Dann war es endlich soweit und der Welt ging es in der Wirtschaftskrise schlecht – viele „Chargus Maximus" und „Majoris Bandwidthus" gingen mit dieser Ära unter, wie die Dinosaurier vor Millionen von Jahren. Es blieben nur noch die Besten übrig: „Es lebe die Eiszeit!".

Die Sys-Admins („Rootus Rootus") waren geboren und man sah fast schon einen Heiligenschein über deren Köpfen schweben!

Hinweis: *Der Beruf eines Informatikers war für eine sehr lange Zeit gar höher angesehen, als der eines Arztes oder eines Piloten.*

...und dann das:

Leider war die Evolution nicht aufzuhalten. Den Sys-Admins sollte es nicht zu gut gehen. Das Leben war ja auch zu schön und es musste sich etwas verändern. Unser aller Freund: der „LUser" – auch genannt: „Surfus Pornus" – ist entstanden.

Hinweis: Im 13. Jahrhundert v. Chr. fielen die 10 berühmten Plagen über das Land Ägypten her (ungeniessbares Wasser, Frösche, Stechmücken, Stechfliegen, Viehpest, Geschwüre, Hagel, Heuschrecken, totale Finsternis, Massensterben von Erstgeborenen). All dies wäre wohl noch erträglich gewesen, hätte uns nicht noch die elfte Plage erfasst: Eben diese Stufe der Evolution!

Fazit

Dieses Buch handelt von den Missverständnissen dieser beiden letzten Stufen der Evolution – dem fortwährenden Krieg zwischen den Informatikern und den Benutzern, welcher jedoch mehr als Hass-Liebe bezeichnet werden kann. Ohne das eine gäbe es das andere nicht. Sehen Sie es demnach von der positiven Seite: Ohne Stechmücken, Stechfliegen, Frösche und Heuschrecken gäbe es keine Kammerjäger – ohne Viehpest keine Veterinär-Mediziner –

ohne ungeniessbares Wasser keine Chemiker – ohne Finsternisse keine Astronomen. Somit hätten Sie auch keinen Job, wenn es nicht unsere Brötchengeber – die LUser gäbe!

Zudem soll dieses Buch aufzeigen, dass auch ein LUser menschliche Züge und somit auch Gefühle hat.

Ich möchte die Fronten vereinen und dafür sorgen, dass sich diese beiden Gattungen wieder besser verstehen und lieb haben. Man könnte sagen, dass ich etwas für den Weltfrieden tun und aufzeigen möchte, dass es eben nicht nur die Konflikte zwischen Rassen, Hautfarben und Religionen gibt, sondern diese auch in der IT sehr weit verbreitet sind.

Hinweis: Obwohl ich selbst eigentlich der Gattung der Sys-Admins angehöre, möchte ich betonen, dass ich keineswegs nur gegen unsere Freunde – die LUser – schiessen möchte, denn eigentlich sind diese ja ganz knuddelig und können uns zwischendurch auch Freude bereiten. Über wen könnten wir denn sonst unsere Witze reissen?

Zudem geht es ja v.a. auch darum, dass auch wir uns besser auf die Bedürfnisse der LUser einstellen können und diese besser verstehen. Nur so ist eine gemeinsame friedliche Zukunft ohne Konflikte möglich und lässt uns am Ende des Buches mit einem guten Gefühl gelassen in den Sonnenuntergang reiten.

Das ISO/OSI-Modell

Ich bin mir dessen bewusst, dass Sie in jedem Ihrer besuchten IT-Kurse mindestens einmal mit dem ISO/OSI-Schichtenmodell konfrontiert wurden. Sie haben bestimmt auch schon eine wunderbare Hass-Liebe dazu entwickelt und diese 6 Buchstaben in Ihre persönliche Hitliste der Unworte eingetragen. Deshalb möchte ich es natürlich nicht missen, Sie auch in diesem Buch einmal mehr mit dem ISO/OSI-Modell zu konfrontieren.

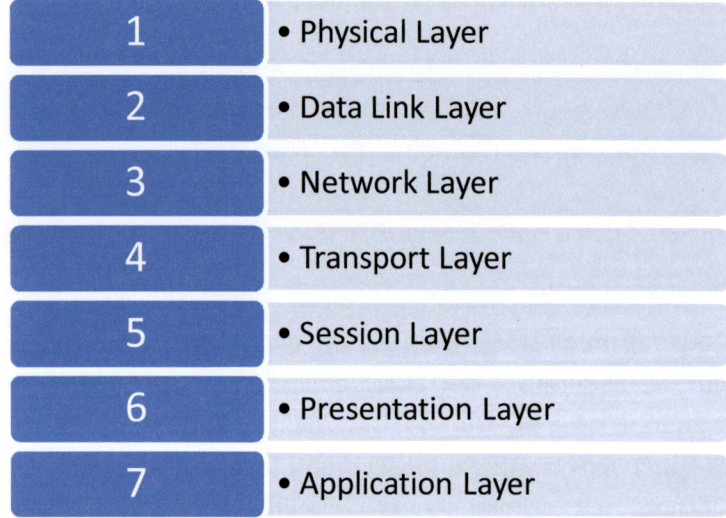

1	• Physical Layer
2	• Data Link Layer
3	• Network Layer
4	• Transport Layer
5	• Session Layer
6	• Presentation Layer
7	• Application Layer

Zudem regelt das ISO/OSI-Modell nicht nur die Zusammenarbeit zwischen vernetzen Hosts in der IT, sondern auch das Zusammenspiel zwischen einem Benutzer und dem Informatiker. Deshalb möchte ich Ihnen jede einzelne Schicht des ISO/OSI-Modells im Rahmen dieses Beispiels nochmals genauer erläutern – dafür gehen wir die Layer von 7 nach 1 der Reihe nach durch:

Application Layer

Die IT-Abteilung hat die Idee, alle Benutzer einer Unternehmung im Umgang mit einer neuen Software zu schulen, damit diese mit weniger Support-Anfragen zu kämpfen haben. Zudem soll es für die Benutzer auch einfach sein, sich in der Anwendung zu Recht zu finden.

Hinweis: Eigentlich eine sehr gute Idee – aber die meisten LUser sind extrem beschäftigt und unersetzlich. Deshalb wird sich wohl kaum jemand für diese Schulung einschreiben, obwohl es jeder nötig hätte. Die Tatsache, dass eine fundierte Schulung weniger Zeit in Anspruch nimmt, als die Unwissenheit kosten kann, geht meistens nicht einmal der Teppich-Etage in den Kopf. Die Fehlbedienung und nicht sachgemässe Ausnutzung der Funktionen kostet oft weit mehr.

Presentation Layer

Es gilt nun, diese Lerninhalte zusammenzustellen und in eine verständliche LUser-Sprache zu übersetzen. Hierfür werden verschiedene Powerpoints und Anleitungen erstellt und der Kurs vorbereitet.

Hinweis: Der Satz „in eine, für den LUser verständliche Sprache" ist mit dem Begriff „Babysprache" gleichzusetzen. Verlangen Sie auf keinen Fall zu viel von Ihren Benutzern, wenn diese auch behaupten, alles schon zu können!

Session Layer

Wir formulieren voller Enthusiasmus eine Einladung an alle Benutzer, um diese auf die Schulung aufmerksam zu machen.

Hinweis: Falls Sie die Einladungen elektronisch versenden: Verwenden Sie möglichst viele blinkenden Smilies in der Einladung. Nur so können Sie sich sicher sein, dass der Benutzer die Nachricht auch liest. Die grössten Chancen haben Sie, wenn das Mail mit der Einladung den Titel „Lustige Bildchen" hat. Bei dieser Art von E-Mails sind LUser beim Öffnen nicht zimperlich – egal ob sich evt. sogar ein Virus dahinter verbirgt!

Transport Layer

Wir verlangen auf dem neu erstellten Anmeldeformular von allen Benutzern eine schriftliche Einschreibung an den Kurs, damit wir auch wissen, dass diese anwesend sein werden und sich unsere Mühe lohnt.

Hinweis: Trotz des Anmeldeformulars wird die Einladung als „UDP-Paket" versandt, da der Benutzer nur darauf reagieren muss, wenn er auch Gebrauch von der Schulung machen möchte. Es wäre demnach besser, diese Einladung als „TCP-Paket" zu senden und somit die Option „Ich kann leider nicht an der Schulung teilnehmen" anzubieten. Somit müssen zumindest alle Einladungen retourniert werden.

Network Layer

Wir versenden diese Einladung und die Anmeldekarte an alle Aussenstellen unserer Unternehmung.

Hinweis: Hierbei sind wir auf die liebe Post angewiesen – sozusagen die Router unseres Briefverkehrs. Diese funktionieren leider teilweise mehr schlecht als recht und stellen den Brief entweder zu spät oder gar nicht zu, obwohl wir für diese Dienstleistung bezahlen.

Data Link Layer

Das Sekretariat jeder Aussenstelle verteilt die Einladungen an die Benutzer in den entsprechenden Abteilungen im Haus.

Hinweis: Diese Verteilung funktioniert nur dann reibungslos, wenn Sie einen Switch als Sekretärin haben! Ein Hub lackiert sich viel lieber die Fingernägel neu und interessiert es nicht, wer alles in der Aussenstelle arbeitet.

Physical Layer

Der LUser erhält die Einladung persönlich vom Sekretariat. Er wirft diese sofort in den Papierkorb, da er ja sowieso keine Schulung braucht, da er ja auch schon alles über die neue Software weiss.

Hinweis: Dabei geht es nur noch um zwei Zustände: 0 oder 1. Der LUser hat also entweder Null Laune auf diesen Kurs oder findet die Idee 1a! Der Standardwert ist „0"…

Sie müssen jedoch wissen, dass die CIA und das FBI dafür gesorgt haben, dass Sie nur die halbe Wahrheit darüber erfahren haben. Ihnen wurden nämlich ganze 4 Schichten verschwiegen, welche diesem Modell erst einen richtigen Sinn geben. Falls Sie bisher noch nicht schlau aus dem ISO/OSI-Modell geworden sind, dann ist dies also auch kein Wunder!

Mit dem Wissen, dass ich mich mit der Publikation der Vollversion des ISO/OSI-Modells strafbar mache und bis in die ewigen Jagdgründe auf Guantanamo-Bay schmachten könnte, lässt es mein Enthusiasmus nicht zu, Ihnen diese wichtige Tatsache vorzuenthalten.

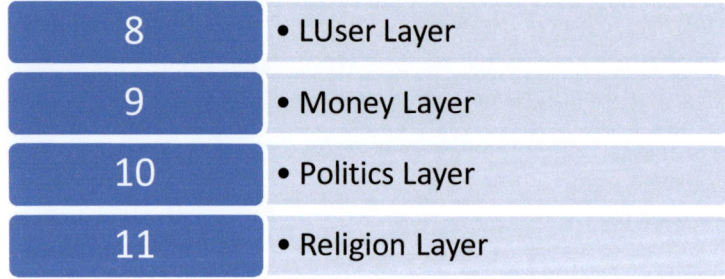

Selbstverständlich werde ich noch mehr ins „Hornissen-Nest" stechen und Ihnen ein paar weitere Informationen zu diesen Top Secret-Layers geben:

LUser Layer

Ein Benutzer kann das gesamte Öko-System einer funktionierenden IT-Umgebung ins Wanken bringen. Durch eine Fehlbedienung, ein Fehlverhalten oder die Unwissenheit (z.B. der versehentlichen Herausgabe eines persönlichen Kennworts an Dritte, etc.) kann das gesamte System darunter zusammenbrechen.

Hinweis: *Dieser Layer wird genau so oft vergessen, wie der „Physical Layer". So planen IT-Sicherheitsexperten oft viele so toll klingende Technologien, wie Firewall, Proxy-Server, Security-Appliance, Virenscanner, etc. ein – vergessen jedoch all zu oft die Absicherung der physischen Begebenheiten. Diese schliessen z.B. die Zugangskontrolle und den Brandschutz ein. Dadurch kann ein ganzheitliches Sicherheitssystem komplett ins Wanken geraten und schlichtweg unbrauchbar werden.*

Money Layer

Falls es sogar einmal vorkommen sollte, dass ein LUser sich zur Schulung bereiterklärt, gilt immer noch die grosse Frage, ob dafür das Budget auch vorhanden ist.

Hinweis: *Budgets verhalten sich meistens wie eine Waage. Wenn die eine Seite, welche die Nützlichkeit einer Sache symbolisiert stark nach oben ausschlägt, befindet sich die andere Seite mit dem Budget in der Regel ganz weit unten. Dies gilt selbstverständlich auch im umgekehrten Fall.*

Politics Layer

Dies ist wohl die komplizierteste Ebene des gesamten ISO/OSI-Modells! Wie kann man es allen beteiligten Personen recht machen, ohne die Autorität und die Entscheidung eines Einzelnen zu untergraben? Auf dieser Schicht geht es nicht mehr um den gesunden Menschenverstand, sondern nur noch um Macht!

Hinweis: Dieser Layer ist sehr eng mit dem „Money Layer" verknüpft, da dieser das gesamte Budget für eine sinnvolle Sache meistens schon von Anfang an in den Himalaya fegt.

Religion Layer

Die Religions-Schicht stellt die oberste Ebene im ISO/OSI-Modell dar. Hier werden die Entscheidungen getroffen und dabei ganz eng mit dem „Politics Layer" zusammengearbeitet. So stellen sich auf dieser Schicht die Fragen, welche Produkte und Technologien in Zukunft eingesetzt werden sollen.

Falls sich der religiöse Führer jeglicher weltlichen Werte entledigt hat, wird die Zukunft z.B. in Richtung Open-Source zeigen.

Hinweis: Es gibt doch auch nichts Schöneres, als nichts für Software zu bezahlen – oder? Diese Tatsache könnte sich zwar später über den Money-Layer doppelt und dreifach in der Form von Support-Leistungen und Schulung niederschlagen – aber die Hauptsache ist doch, dass anfangs keine Investitionen zu tätigen sind. Nach der Einführung könnten demnach rege Diskussionen im „Politics Layer" folgen. In der Religion geht es jedoch auch um sphärischere Komponenten und die Selbstfindung. Deshalb perlt diese Tatsache komplett von diesem Layer ab.

Ein ganz normaler Montag-Morgen

Der Dialog

 Es ist mal wieder Montag. Der Benutzer – nennen wir diesen einmal Fred B. – ist immer noch völlig fertig von der letzten Arbeitswoche und hat eigentlich auch gar keine Lust zur Arbeit zu gehen. Es regnet, der Wecker ging viel zu früh los, bei der morgendlichen Rasur musste wieder zahlreiche blutende Stellen im Gesicht mit kleinen Fetzchen des Toilettenpapiers abgedeckt werden, am Wochenende waren noch die Schwiegereltern zu Besuch und er musste diesen seine Verbundenheit vorspielen. Die ganze Nacht hat das Kind geschrien und die Frau hatte Migräne.

 Naja – auch uns geht es doch eigentlich genau gleich - mit dem kleinen Unterschied, dass wir am Wochenende gar nicht zu Hause waren, sondern dass wir schnell ein Active Directory einer frisch gekauften Konkurrenzfirma in die Domäne migrieren und die neusten Patches unter WSUS herunterladen, testen und genehmigen mussten.

Trotz all dieser Strapazen kommt Fred dennoch pünktlich um 10 Uhr morgens zur Arbeit (er arbeitet als Beamter) und startet seinen Computer. Diese Aufgabe war sehr anstrengend, weshalb er als erstes seinen schweren Gang durch das Grossraumbüro zur Kaffeemaschine macht, um sich einen doppelten Espresso herauszulassen. Auf dem Weg dorthin wird er auch noch von seinem Vorgesetzten angesprochen, der ihn darauf hinweist, dass er am Freitag das Büro bis 14 Uhr zu besetzen habe und nicht schon, wie letzten Freitag, um 12 Uhr nach Hause gehen dürfe.

Um Punkt 7 Uhr morgens kommen wir im Geschäft an, haben den Kaffee auf dem Weg ins Büro im Auto getrunken und fast über unsere Hose geschüttet, als wir an einer Ampel abrupt bremsen mussten. Unser Vorgesetzter kann uns gar nicht erst ansprechen, da der sich gerade im Bett umdreht und seine Frau losschickte, um das Frühstück ans Bett zu servieren.

Nach der kurzen 30-minütigen Stärkung in der Cafeteria kehrt Fred zurück zu seinem Computer, wo er sieht, dass sein Computer gerade erneut hochstartet, da noch 79 Windows-Updates installiert werden mussten. Natürlich wird er sich den Spruch zu seinem Mitarbeiter nicht verkneifen können, welcher sich etwa so anhören könnte: „Diese IT-Fritzen lassen mich einfach nicht arbeiten! Immer wenn ich arbeiten möchte, tun die endlich auch mal was!".

Wir haben unsere erste Sitzung mit unserem Vorgesetzten, um die Migration des nächsten Wochenendes zu besprechen. Der Chef hat uns mal wieder viel zu kurzfristig mitgeteilt, dass eine weitere Firma aufgekauft wurde und wir eine weitere Domäne in unser Active Directory migrieren dürfen.

Dann ist es endlich soweit und die Anmeldemaske wird angezeigt. Dies realisiert Fred natürlich erst, als er mit seinem zweiten doppelten Espresso aus der Cafeteria zurückkommt – immer noch schnaubend und fluchend über die IT-Abteilung. Nach langer Suche nach der „Strg"-, „Alt-„ und „Löschen"-Taste gibt dieser nach kurzer Überlegung seinen Benutzernamen ein. Beim Passwort stockt es doch schon etwas mehr – wie war das nochmals?

Wir müssen Fred da schon ein bisschen verstehen: Es ist schon lange her, als er sein Passwort das letzte Mal eingeben musste. Es liegen immerhin schon zwei Tage dazwischen und es ist viel passiert in der Zwischenzeit. Es ist eigentlich ein Wunder, dass Fred seine Mitarbeiter noch mit deren Namen ansprechen kann!

Nach langem Grübeln unternimmt Fred zahlreiche Versuche und geht all die Post-Its durch, welche an seinem Bildschirm haften. Bei der Eingabe des fünften Passworts erscheint zwar eine Meldung, dass sein Konto gesperrt wurde, welche von Fred jedoch einfach übersehen wird, da er ja auch alles ganz richtig macht.

Nach weiteren zwanzig Versuchen ist mal wieder Zeit, sich bei seinem Mitarbeitern lautstark über die IT-Abteilung zu beschweren: „So kann man doch nicht arbeiten! Was machen diese IT-Fritzen überhaupt den ganzen Tag – uns an der Arbeit hindern? höhöhö"

Anschliessend holt er sich einen weiteren doppelten Espresso in der Cafeteria.

Der Helpdesk läuft langsam heiss, da nun die meisten LUser anwesend sind und sich anmelden möchten, jedoch ihr Passwort vergessen haben…

Hinweis: Lustigerweise konnten sich alle die Telefonnummer des Helpdesks merken! Dies zeigt uns, dass entgegen des DNS-Systems eine Nummer einfacher zu merken ist, als ein Wort! Oder gibt es da einen Trick?...

Fred kommt zurück an seinen Arbeitsplatz, versucht sich nochmals mehrfach erfolglos anzumelden und greift dann irgendwann wutentbrannt zum Telefonhörer. Mit zittrigen Fingern wählt er die Nummer des IT-Helpdesks, nachdem er diese nach langem Suchen endlich in grossen Lettern auf seiner Mausmatte entdeckt hat.

Als die freundliche Stimme des Helpdesks sich meldet sagt Fred: „Ich bin nun schon eine Stunde hier und kann nicht arbeiten, weil diese blöde Kiste nicht funktioniert!". Der Helpdesk erwidert: „Was ist denn genau das Problem?". Darauf sagt Fred: „Das Problem ist, dass ihr mich nicht arbeiten lässt! Ich komme nicht rein!". Der Helpdesk sagt: „Haben Sie Ihre korrekten Anmeldeinformationen angegeben?" – der LUser erwidert: „Na klar! Ich bin doch nicht dumm!".

Spätestens zu diesem Zeitpunkt platzt doch jedem IT-Guy der Kragen – oder?

Hinweis: Haben Sie evt. den Film „True Lies" mit Arnold Schwarzenegger gesehen? Wenn ja: Können Sie sich an die Szene erinnern, als Arni eine Probefahrt mit einem roten Sportwagen machte und der Verkäufer, welcher seiner Frau hinter seinem Rücken den Hof machte, ihm vorheuchelte, wie toll er zu diesem Auto passe? Kurz und gut: Er hat diesem in seiner Fantasie so richtig eine reingehauen.

Genau so fühle ich mich zumindest in einer solchen Situation.

Aufgrund dieser Gefühle erwidert der Helpdesk-Mitarbeiter dem Benutzer: „Das würde ich auch NIE behaupten (groll, zeter, mordio und dennoch schleim)! Ich prüfe sofort in unserem System, was da schief gelaufen ist!".

Fred dreht sich nach dieser Antwort zu seinem Mitarbeitern um, legt die linke Hand leicht auf die Sprechmuschel seines Telefonhörers, zieht ganz wichtig seine linke Augenbraue hoch und sagt mit dem ironischsten Ton den er aufbringen kann: „Die IT-Abteilung ist mal wieder vollkommen unfähig - höhöhö!".

Selbstverständlich hören wir diesen Spruch und denken erneut an den Film „True Lies".

Wir starten routinemässig und gekonnt das Dienstprogramm „Active Directory Benutzer und Computer", suchen in der wohlorganisierten OU-Struktur den entsprechenden Benutzer und klicken auf dessen Eigenschaften. Sofort stellen wir fest, dass das Konto gesperrt wurde und aktivieren dieses sofort wieder.

Anschliessend unterbrechen wir Fred in seinen ketzerischen Äusserungen und teilen ihm mit, dass wir das Problem bei uns lokalisieren konnten und er sich nun anmelden könne.

Fred möchte vor seinen Mitarbeitern weiterhin den Held spielen und sticht noch einmal nach, als ob es nicht genug wäre: „War ja auch mal wieder klar, dass ihr ein Problem mit Eurem System habt - höhöhö!".

Spätestens jetzt sind wir froh, dass der LUser nur über das Telefon mit uns verbunden ist und nicht direkt vor uns steht!

Fred knallt den Telefonhörer lautstark auf die Gabel, flucht nochmals kurz über die IT und gibt anschliessend das richtige Passwort ein, welches ihm gerade wieder eingefallen ist.

Dann passiert es: Eine Meldung wird angezeigt, welche besagt, dass sein Kennwort abgelaufen ist und er es genau JETZT – am Montag-Morgen – ändern müsse.

Missmutig überlegt sich Fred ein neues Kennwort, gibt dieses ein und bestätigt mit der OK-Taste. Daraufhin erscheint eine weitere Fehlermeldung, welche besagt, dass das Kennwort nicht mit der Sicherheitsrichtlinie der Unternehmung vereinbar sei. Nach vielen weiteren Versuchen greift er wieder zum Telefonhörer und ruft beim Helpdesk an: *„ZENSUR*, ich komme immer noch nicht in das System!"

Wir haben uns gerade kurz mit einem "Sonnengruss" (Joga) vom letzten Telefonat erholt und wollten das Gute im Menschen sehen. Daraus hat uns jedoch der schrille Klingelton und die zeternde Stimme von Fred wieder herausgerissen.

Mit letzter Kraft teilen wir Fred mit, dass er mindestens sieben Zeichen eingegeben müsse, welche eine Kombination von Gross- und Kleinbuchstaben plus ein Sonderzeichen oder eine Zahl beinhalten sollte.

Fred knallt den Telefonhörer wieder cool auf die Gabel, ohne einmal „Danke" gesagt zu haben.

Hinweis: Weshalb sollte er auch „Danke" sagen? Sie haben ihm ja auch nicht geholfen, sondern ihn an der Arbeit

Er gibt nun ein Kennwort ein, welches diesen Anforderungen entspricht – bestätigt es jedoch falsch, woraufhin wieder eine Fehlermeldung angezeigt wird. Nach wiederholtem Versuch schafft es Fred nun endlich, das neue Passwort zweimal korrekt einzugeben und sich anzumelden. Da jedoch die Anmeldung viel zu lange dauert, holt er sich seinen vierten Espresso in der Cafeteria.

Wir wissen seit dem Auflegen des Telefonhörers, dass wir auch morgen wieder einen Anruf von Fred erwarten können, da er sich das komplexe Kennwort nicht merken wird.

Unser einziger Trost an dieser Stelle ist, dass wir uns bis dahin beim abendlichen Austausch des Core-Switches von dieser Sache erholen können, um morgen wieder mit einer liebevollen Stimme am Telefon die netten Worte des Benutzers anhören zu dürfen.

Hinweis: *Wir können von Glück sprechen, dass wir die Prioritäten des Lebens noch richtig ordnen können!*

Das Fazit

Wie Sie diesem Dialog zwischen LUser und IT entnehmen können, herrscht hier grosses Konfliktpotential! Wenn wir diesen Dialog auf das fachliche reduzieren und einmal versuchen, die Marotten des Benutzers zu vergessen, werden wir feststellen, dass alle Beteiligten in dieser Situation Fehler gemacht haben.

Hinweis: Es ist statistisch erwiesen, dass jede 200.ste Frau als Passwort das Wort „Sonne" verwendet! Männer sind da auch relativ einfach durchschaubar: Diese verwenden als Passwort meist eine Bier-, Automarke oder einfach den Namen ihrer Frau oder der Freundin – falls beides vorhanden, den Namen der Freundin!

Kontosperrungen

Die Frage die sich jedoch aufdrängt, lautet: „Möchte ein Angreifer wirklich das Passwort eines Benutzers in Erfahrung bringen?". Hand aufs Herz: Verwenden Sie als IT-Guy in Ihrer Unternehmung selbst ein normales Benutzerkonto oder streben Sie nach Höherem und haben Ihr Konto gleich schon einmal präventiv in die Gruppe der Administratoren aufgenommen? Wenn ja: Dann konnten Sie sich diese Frage schon beantworten: Einem Hacker bringt ein Passwort eines Kontos mit normalen Benutzerrechten nur wenig.

Hinweis: Die Entsperrung eines Benutzerkontos kostet laut einer US-Studie satte $75! Denken Sie immer daran, dass nicht nur die Zeit des Benutzers und des Helpdesk-Mitarbeiters darin eingerechnet werden muss, sondern auch die Tatsache, dass beide aus deren Arbeit gerissen werden, um den Fehler zu beheben.

Wenn dieser Mechanismus jedoch eine gute Sicherheit für uns bedeutet, sollten wir diese auch verwenden. Viele Administratoren stellen jedoch die Kontosperrungsschwelle auf weniger als 5 fehlerhafte Versuche ein, was so nur die Anrufe beim Helpdesk wegen vergessener Passworte nach oben treibt. Ein Angreifer versucht das Passwort mittels eines Scripts herauszufinden und wird bestimmt nicht schon in diesen ersten 5 Versuchen erfolgreich sein.

Deshalb empfiehlt sich hier mehr eine Sperrschwelle von etwa 50 Versuchen. So oft wird es der LUser wohl nicht versuchen (auch der hat eine Schmerzgrenze) und ein potentieller Angreifer wird bestimmt soviele Versuche benötigen, um ein komplexes Passwort zu knacken.

Passwortänderungen

Der Benutzer möchte sich eigentlich nur wie jeden Morgen am System anmelden können – und dies, wenn irgend möglich, ohne ungewollte Störung. Sein Fokus ist die Arbeit, welche dieser mittels des Computers verrichten muss. Ein Passwort ist für einen Benutzer nicht immer sehr einfach zu merken – bedenken Sie, dass wir von unseren Benutzern auch ein komplexes Passwort verlangen und diese meist nicht darauf geschult werden, wie sie diese sinnvoll generieren können.

Leider investieren viel zu wenig Management-Leutchen ein bisschen Geld in die solide Grund-Ausbildung im Bereich der „Security Awareness", was zu einem schlechten Grundverhalten führt. Dabei wäre es doch so einfach, den Benutzern die Erstellung eines guten Passwortes zu vermitteln.

Hinweis: Falls das Passwort den Komplexitätsanforderungen einer Unternehmung entsprechen und somit auch Sonderzeichen oder Zahlen beinhalten muss, verwenden viele LUser (ach, wie kreativ) als Zusatz zum Namen ihres Hundes einfach die Monatszahl!

Eine kleine Rechenaufgabe

Stellen Sie sich vor, dass Sie ein Script besitzen, welches in der Lage ist, mit einer BruteForce-Attacke (das Durchprobieren von verschiedenen Zeichenkombinationen) ein Passwort zu knacken. Dieses Tool kann 10 Passwörter pro Sekunde überprüfen. Was meinen Sie, wie lange es dauert, ein 7-stelliges Kennwort, welches aus Gross- und Kleinbuchstaben, Sonderzeichen und Zahlen besteht, zu knacken?

Die meisten Personen, welchen ich diese Frage stelle, sagen mir, dass es wohl nur Sekunden oder maximal Minuten dauern wird, dies zu bewerkstelligen. Da muss ich Sie leider enttäuschen – es dauert geschlagene 1.75 Millionen Jahre!

Das Problem

Falls dieses Kennwort jedoch Wörter enthält, welche auch in einem Lexikon, o.ä. zu finden sind (Dictionary Attack), reduziert sich diese Dauer um ein Vielfaches.

Hinweis: Hand aufs Herz: Setzen Sie nicht evt. auch ein Passwort ein, welches aus einem aussprechbaren Wort besteht (oder dies zumindest einen Teil des Kennwortes darstellt)?

Das Ziel eines sicheren und guten Passworts definiert sich wie folgt: „Ein Kennwort sollte komplex und einfach zu merken sein". Lassen Sie sich diesen Satz einmal auf der Zunge zergehen – Sie werden feststellen, dass dieser einen kompletten Widerspruch darstellt! Ein sicheres Kennwort darf keine aussprechbaren Wörter beinhalten – es muss also möglichst kryptisch sein. Wie sollen wir uns das jemals einfach merken können?!?

Hinweis: Damit sich ein LUser nicht so viele Passwörter merken muss, werden diese oft recycelt und somit mehrfach verwendet. So könnte es leicht vorkommen, dass Sie als Betreiber einer Member-Website im Besitz des PIN-Codes derer Kreditkarten sind!

Die Lösung

Werfen Sie z.B. einen Blick auf das folgende komplexe Passwort:

„DieP,waezmi!"

Sie werden mir wohl recht geben, dass ein solches Passwort nicht so einfach zu knacken wäre – oder? Nur wie soll sich das ein normaler Mensch merken? Mein Leitsatz heisst deshalb: Verwenden Sie keine PassWÖRTER, sondern besser PassSÄTZE!

Diese komplexe Zeichenfolge heisst demnach nichts anderes als: **„Dies ist ein Passwort, welches auch einfach zu merken ist!"** – einfach die Anfangsbuchstaben aller Worte.

Hinweis: Falls Sie einmal das Kennwort eines Benutzers nicht wissen, dann schauen Sie 1. auf die Post-Its am Bildschirmrand, 2. unter die Tastatur oder 3. in die erste Schublade des Rollkorpus. Falls der Rollkorpus verschlossen sein sollte, dann befindet sich dessen Schlüssel meist in der Stiftablage auf dem Schreibtisch!

Das Vokabular

Ein LUser sagt:	Was es bedeutet:
Mein Bildschirm ist schwarz!	Das Strom- oder Datenkabel ist nicht (richtig) eingesteckt.
Ich habe die Kiste ausgestellt!	Er hat den Monitor ausgeschaltet.
Ich habe die Kiste eingeschaltet!	Er hat den Monitor angeschaltet.
Ich kann mich nicht anmelden!	Ich kann mir zwar die Fussballresultate meines Lieblingsvereins der letzten Jahre merken, aber mein Passwort nicht.
Gestern hat noch alles wunderbar funktioniert!	...bevor ich in meiner Unwissenheit einfach wirr auf die Tastatur schlug und mit der Maus ziellos auf dem Desktop herumstocherte.
Unsere Informatiker sind doof!	Eigentlich bin ich selbst unfähig – aber ich muss ein Opfer finden, auf welches ich meine Unfähigkeit abschieben kann.
Meine Maus funktioniert nicht mehr richtig!	Dafür gibt es drei Bedeutungen: Entweder hält der LUser die Maus im 90°-Winkel, das Mousepad ist zu verstaubt und vom Nikotin verfressen oder es kleben Essens- und Getränkereste unter den Maustasten.

Meine Tastatur funktioniert nicht mehr richtig!	Dito oben
Ich verwende für alle geschützten Dienste ein anderes Kennwort!	Dies ist mir jedoch nur deshalb möglich, da ich alle Passwörter auf ein Post-It schreibe und diese an den Bildschirmrand klebe. Bei der Wahl eines PIN-Codes für meine Kreditkarten bin ich ein ganz Schlauer: Ich tarne den Code als Telefonnummer, schreibe mir diesen auf ein Stück Papier und stecke mir den Zettel in die Geldbörse.

Ich möchte auf diese Website! – Gedanken eines LUsers

Der Dialog

Nach einem anstrengenden Arbeitstag kommt Fred nach Hause. Da seine Frau immer noch Migräne hat und schon im Bett ist, bleibt diesem nichts anderes übrig, als den privaten Computer anzuwerfen. Sein privater Computer ist sein Ein und Alles – nicht nur weil er diesen eigenhändig beim Computerladen um die Ecke gekauft hat, sondern auch deswegen, weil dieser wenigstens richtig funktioniert und nicht irgendwelche „Parasiten" (Übersetzung: „IT-Guys, welche Geld für nichts verdienen") die ganze Zeit irgendwelche sogenannte Patches und Service-Packs aufspielen, was sowieso nur wieder eine unangenehme Wartezeit bedeutet.

Nach dem erfolgreichen Start erscheint auch keine doofe Anmeldemaske, wo man erst ein hochkomplexes Kennwort eingeben muss: Nein – man kann sofort arbeiten und muss höchstens noch auf ein lustiges Bildchen klicken, welches das eigene Benutzerkonto symbolisiert. Schon kurz darauf erscheint das wunderschöne „Tele-Tubby"-Hintergrundbild von Windows. Virenscanner verlangsamen das System sowieso nur, deshalb hat Fred natürlich auch dafür gesorgt, dass kein solcher auf seinem geliebten Privat-Computer installiert ist.

Als nächstes startet Fred voller Vorfreude seinen Web-Browser. Selbstverständlich verwendet Fred dafür einen **richtigen** Webbrowser – also nicht den Internet Explorer, welcher direkt im Betriebssystem integriert ist! Es ist natürlich keineswegs sinnvoll, einen Browser zu verwenden, welcher direkt mit einem Betriebssystem mitgeliefert wird – v.a. nicht dann, wenn damit ein gewisser Hr. Gates Milliarden macht! Zudem ist dieser alternative Browser natürlich auch **viel** sicherer und somit ist ein Virenscanner absolut überflüssig! Zumindest hat ihm dies ein Kollege seines Kollegen so gesagt, welcher ein IT-Crack ist.

Als dieser Webbrowser nach 1-minütiger Wartezeit nun endlich den Desktop seines Computers bereichert, tippt Fred voller Freude die Adresse einer Suchmaschine ein, um damit weitere Informationen zum Thema „Britney Spears - Nude" zu erhalten. Die Suche liefert über eine Million Ergebnisse (welch Wunder)...

Fred klickt natürlich sofort auf den ersten Link, der erscheint. Kurz darauf wird die folgende Infomeldung eingeblendet:

„Um diese Seite zu betrachten, müssen Sie eine Erweiterung auf Ihrem System installieren!"

„Erweiterung? Kling cool!" denkt sich Fred und denkt gar nicht lange nach, bevor er die Schaltfläche mit der Aufschrift „JA" betätigt. Eine Erweiterung kann auch nur eine Verbesserung bedeuten – und diese hätte er nun wirklich nötig! Sozusagen eine Bereicherung seines doch so schlimmen Lebens als Verwaltungs-Angestellter.

Vielleicht haben Sie etwas bemerkt: Fred ist im Begriff einen Trojaner einzufangen. Obwohl Sie immer noch von seinem Telefongespräch von heute Morgen ziemlich genervt sind, wünschen Sie ihm bestimmt nicht, dass ihm so etwas passiert (oder etwa doch?). Sie sind als Informatiker doch eigentlich wie ein Arzt: Diese müssen vor dem Praktizieren erst einmal einen Schwur abliefern, der Folgendes (im Wortlaut) besagt: „Ich möchte nur das Beste für meine Patienten und werde dies auch nach bestem Wissen und Gewissen umsetzen".

Hinweis: Hand aufs Herz: Waren auch Sie immer freundlich zu Ihrem Hausarzt? Hatten Sie nie das Gefühl, dass er etwas gegen Sie haben könnte? Im Vergleich zu unserer angesprochenen Situation sind Sie dabei eigentlich der LUser und der Arzt der Administrator... Auch er muss einen Fehler im System finden und versuchen, diesen zu beheben. Nehmen wir einmal an, Sie sind die Treppe heruntergefallen, weil Sie unachtsam waren und haben sich ein Bein gebrochen. Was sagen Sie Ihrem Hausarzt, wenn er Sie nach der Ursache fragt? Sagen Sie evt. so tolle Dinge wie: „Ein altes Mütterlein wollte bei Rot über die Ampel gehen und ich konnte sie im letzten Moment vor einem nahenden Fahrzeug retten, wobei dieses mich erwischt und mein Bein zertrümmert hat!"?

Naja: Diese Version klingt wohl um Einiges cooler und wird Sie bestimmt nicht als „Loser" wirken lassen – aber meinen Sie wirklich, dass Ihr Arzt Ihnen glaubt? Meinen Sie nicht auch, dass er dasselbe denkt, wie Sie über ihre geliebten LUser und Sie entsprechend schonend behandelt? Wie auch immer...

Fred klickt selbstverständlich auf die Schaltfläche mit der Aufschrift „JA" – er möchte ja schliesslich auch von den Strapazen der Internet-Suche profitieren können und seinen Profit daraus ziehen.

Sind wir einmal ehrlich: Mit welchen Meldungen konfrontieren wir unsere Benutzer? Können diese wirklich entscheiden, welche Antwort auf diese Frage gewählt werden sollte? Schreiben wir diese Fragen wirklich klar und verständlich genug, so dass eine Entscheidung möglich ist?

Versuchen wir uns an dieser Stelle einmal in die Lage von Fred zu versetzen. Mit welcher Meldung konfrontieren wir diesen?:

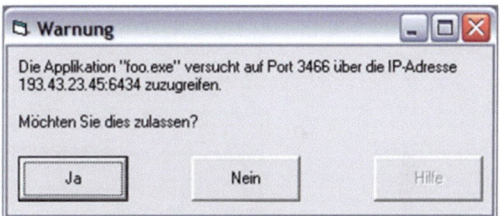

Was meinen Sie? Welche Fragen werden Fred im Unterbewusstsein beschäftigen?

Was ist eine IP-Adresse, was ist ein Port, was ist „foo.exe" und was möchtet ihr überhaupt von mir? Ich möchte jetzt endlich die Spears sehen – was geht mich diese Frage an? Im Zweifelsfall klicke ich auf „JA" – das möchte mein Chef auch immer von mir hören, wenn er etwas von mir verlangt – und mit dieser Antwort bin ich stets sehr gut gefahren!

Ich setze nun einfach einmal meine rosarote Brille auf und interpretiere mal das aus dieser Warnmeldung, was ich am liebsten sehen möchte. Dabei kommt folgendes raus:

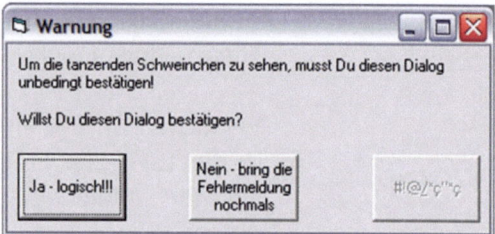

Hinweis: *Wenn Fred nämlich auf „NEIN" klicken würde, käme diese tolle Meldung sowieso ein weiteres Mal. Hilfe ist für alle LUser ein Fremdwort und die einzige plausible Antwort, welche dann noch übrig bleibt ist, ein ganz klares „JA – ICH WILL"!*

Es erübrigt sich zu diesem Zeitpunkt nachzufragen, ob Sie jetzt Mitleid mit Fred haben. Spätestens jetzt sollten Sie jedoch beginnen, das Mitleid aufzubauen, falls Sie noch irgendwelche Gefühle empfinden können.

Selbstverständlich wird Fred zu genau diesem Zeitpunkt keine nackte Britney vor sich sehen, sondern ziemlich sicher eine etwas weniger motivierende Fehlermeldung, welche besagt, dass die gewünschte Seite z.B. zurzeit gerade nicht erreichbar ist...

Natürlich wissen wir, dass in der Zwischenzeit ein böser „Roboter" die Maschine von Fred eingenommen hat und ihn in Zukunft mit vielen schönen bunten Smar... äh Bildern beglücken wird, welche in Form von Werbebannern u.ä. erscheinen.

Hinweis: Zum Wort „Roboter" hatte ich einmal ein Schlüsselerlebnis. Ein Nachbar hat mich einmal zu Hilfe gerufen, damit ich mir seinen Computer ansehen könne. Da ich etwas zu spät vor Ort ankam, sass schon eine andere Person vor dem PC, welche sich als „Informatiker" ausgegeben hat. Dieser klickte wirr auf dem Bildschirm herum und hat überhaupt nichts bewirkt.

Nach dem Download von verschiedenen Tools & Gimmicks drehte er sich plötzlich zu mir um, zog die Augenbrauen hoch und sagte nach einer kurzen und bedächtigen Sekunde des Schweigens: „Dieser Computer ist voller Roboter!". Dies war ja eigentlich schon fast genug, mich zum Schmunzeln zu bringen – aber es kam noch besser, da er noch folgenden Satz anhängte: „Du weisst doch was Roboter sind – oder?". Spätestens in diesem Moment habe ich mich ganz sanftmütig langsam auf den Boden gelegt und losgeprustet. Als er dann fragte, was daran so lustig sei, konnte ich ihm leider nicht mehr antworten, da ich vor lauter Lachen keine Luft mehr bekam...

Fred hat nun also einen Virus eingefangen – dies schlägt wohl nicht mehr ins Gewicht, da er schon einige davon hatte. Wahrscheinlich hält sich das empfindliche Ökosystem seiner versammelten Viren auf dem System in einer perfekten Waage, so dass es nur schon deswegen nicht zu einem Komplettabsturz kommt.

Dennoch ist Fred natürlich gereizt, da ab und zu so tolle Bildchen und Werbebanner mit schlüpfrigen Inhalten geöffnet werden – nicht, dass es ihn stört – aber er weiss genau, was seine Frau davon halten wird, wenn dies bei ihr passiert. Aber das Gute an der Sache ist, dass Fred da immer eine passende Antwort bereit hat, welche lautet: „Ich habe nichts gemacht – dies ist erst so, seit dem unser lieber Herr Informatiker etwas an unserem Computer gemacht hat!".

Das Fazit

Diese Begebenheit, wie sie in diesem Dialog beschrieben ist, ist keineswegs unrealistisch! Leider klicken viel zu viele LUser auf „JA", nur um das zu sehen, was diese möchten. Dies müssen nicht immer nur irgendwelche „Schmuddel-Websites" sein. Ich habe in meiner glorreichen Zeit als Internet-Benutzer feststellen müssen, dass auch viele vermeintlich „sauberen" Internetseiten solche bösartigen Programme beinhalten.

Hinweis: Lustigerweise klicken statistisch erwiesen v.a. diejenigen LUser immer auf „JA", welche im realen Leben meistens „NEIN" sagen. Meine Studien haben auch belegt, dass LUser, welche in Kaderpositionen arbeiten, umso mehr auf vermeintlich unschöne Websites zugreifen (je höher, desto „vermeintlicher") und sich so entsprechend auch umso mehr unschöne Dinge einfangen.

Ich war z.B. einmal auf der Suche nach einem Kochrezept für einen Cheese Cake (selbstverständlich nach dem Urvater davon: nämlich dem „New York Style Cheese Cake"). Deshalb kann ich Ihnen sagen, dass es keine kriminelleren Websites im Internet gibt, als Rezept-Homepages! Ich möchte Sie eindringlich davor warnen, jemals eine solche Seite im Web aufzurufen – Sie werden sich mit ziemlicher Wahrscheinlichkeit einen Trojaner einfangen oder eine entsprechende Warnmeldung Ihres Virenscanners erhalten!

Hinweis: Rezept-Websites sind böse!

Wenn wir eine solche Sicherheitswarnung vor uns sehen, dann haben wir als Sys-Admins wenigstens die Grundlagen dafür, zu entscheiden, ob wir auf diese Website zugreifen möchten.

Hinweis: Das sollte man zumindest meinen. Ich hatte einmal einen Kursteilnehmer in einer Admin-Ausbildung, welcher einen „sehr gelben" Virenscanner einsetze (mein Leitsatz lautet: „Alles was gelb wird, wird böse oder unbrauchbar!"). Regelmässig wurde dieser mit der netten Warnung belästigt, welche besagte, dass der Prozess „SvcHost.Exe" versuche, auf das Internet zuzugreifen. Sind wir einmal ehrlich: „Wissen Sie, was dieser Prozess wirklich macht?

Haben Sie sich jemals gefragt, weshalb da plötzlich ein siebter oder achter Prozess mit diesem Namen im Task-Manager erscheint?". Dieser nette Name, welcher so vertraut klingt, könnte eigentlich auch ein Trojaner sein, welcher versucht, auf das Internet zuzugreifen und Ihre intimsten Details in einem Blog zu veröffentlichen.

Die Reaktion meines Kursteilnehmers war immer dieselbe (und dies unermüdlich): Er hat während zweier Wochen einfach immer auf „JA" geklickt, da die Meldung so nur halb soviel mal erschienen ist.

Ob dies die richtige Entscheidung war, möchte ich nun mal so in den Raum stellen. Entscheiden Sie selbst...

Das „Ja-Klick-Syndrom" ist demnach weit verbreitet und greift auch langsam aber sicher auf die Informatiker über, wie dem obigen Hinweis zu entnehmen ist.

Hinweis: Das „Ja-Klick-Syndrom" breitete sich seit dem letzten Jahrzehnt als Pandemie rasant über den Erdball aus und ist eine ernstzunehmende Krankheit! Die Medien täuschen jedoch sehr erfolgreich über diese Tatsache hinweg, indem sie das Gesundheitswesen mit lächerlichen Kleinigkeiten, wie Rinderwahnsinn und der Vogelgrippe ablenken und diesen so wichtig klingende Namen wie H5N1, BSE und MKS geben.

Sie und auch Ihre LUser können sich jedoch davor schützen, indem mit einer bestimmten Prise des „Trau, Schau wem"- Serums geimpft wird – sozusagen die „Lümmeltüten" für das Surfen im Internet angezogen werden.

Das Vokabular

Ein LUser sagt:	Was es bedeutet:
Ich weiss nicht, wie das auf meine Festplatte gekommen ist...!	Ich bin nie auf Schmuddelseiten, habe dies auch nie gemacht und werde dies nie tun!
Ich habe noch nie einen Trojaner oder Virus auf meinem System gehabt!	Ich habe eine richtige Zucht in allen Rassen von Trojanern und Viren auf meiner Festplatte – mein Computer ist sozusagen eine Keimzelle. Zudem wundere ich mich sehr oft, weshalb mein PC so langsam und mein Bank-Konto immer leergefegt ist.

Eine Sicherheitswarnung wird angezeigt!	Diese ist absolut nutzlos, da der LUser sowieso auf „JA" klicken wird. Früher oder später wird diese Spezies auch merken, dass im IE7 die umgekehrte Psychologie zum Einsatz kommt und man auf „NEIN" klicken muss, um die „tanzenden Schweinchen" zu sehen!
Ich habe mich doch für den Empfang des Newsletters abgemeldet!	Der LUser hat bei einem Spam-Mail auf „Ich möchte zukünftige keine E-Mail mehr von Ihnen empfangen" geklickt und somit seine E-Mailadresse als aktiv bestätigt.
Ich bekomme so viele schlüpfrige Angebote per E-Mail!	Der LUser war bestimmt auch noch nie auf einer solchen Schmuddel-Website und ist vollkommen überrascht, dass genau er solche E-Mails erhält.

Die wöchentliche Sitzung mit dem Chef

Einführung

Lieben Sie diese so wahnsinnig, wie ich auch? Es gibt doch nichts Schöneres, als stundenlang an einem runden Tisch zu sitzen und über Dinge zu sprechen, welche eigentlich sowieso schon entschieden sind.

Hinweis: Was bedeutet das Wort „Sitzung" überhaupt? Es setzt sich aus zwei Teilen zusammen – dem Begriff „Sitz" und dem häufig verwendeten Suffix „ung". Das Wortteil „Sitz" kommt wohl mehr aus der Hunde-Erziehungssprache – unser Chef diskriminiert uns also eigentlich indirekt damit, dass wir „SITZ" machen und kuschen sollen. Das Suffix „ung" ist ein Mittel zur Substantivierung von Verben, welches im allgemeinen Sprachgebrauch nicht gerne gesehen wird. Man kann dieses Suffix eigentlich an jedes beliebige Verb anhängen, um daraus ein Nomen zu machen. Es stellt die deutsche Variante des lateinischen Suffixes „-tion" dar, welches in der IT-Sprache auch sehr oft in so tollen Wörtern wie Installation, Migration, u.ä. vorkommt.

Sprachliche Korrektheit

Nehmen wir uns also kurz die Zeit, ein bisschen mit diesem „Unwort-Suffix" zu spielen und ein paar lustige Wörter in der IT-Sprache umzusetzen (verwenden Sie diese Wörter in Zukunft möglichst oft während Sitzungen oder beim Endkundensupport – Sie wirken dadurch sofort viel intelligenter!):

Verb	Nomen
herunterfahren	Herunterfahrung
scannen	Scannung
angreifen	Angreifung
Installieren	Installierung
migrieren	Migrierung
neu starten	Neustartung
updaten	Updatung

Es ist zudem auch sehr schade, dass mittlerweile viel zu viele Begriffe in der IT in englischer Sprache erfasst sind – oder? Es ist doch auch viel schöner, wenn wir z.B. den Active Directory-Begriff „Forest und Tree" im deutschen als „Gesamtstruktur und Struktur" verwenden. Deshalb können Sie bei Ihrem Chef zusätzlich punkten, wenn Sie möglichst etwas für die deutsche Sprachkultur tun und englische IT-Fachbegriffe in die korrekte deutsche Bedeutung übersetzen.

Hinweis: Microsoft setzt sehr viel daran, möglichst alle englischen Begriffe in der deutschen Version zu übersetzen. Helfen Sie mit und senden Sie Ihre Vorschläge auch direkt an die entsprechenden Entwicklungsteams!

Zudem werden es Ihnen auch Ihre Benutzer danken, wenn Sie endlich von Ihrem „hohen Ross" – nämlich Ihren unzähligen unverständlichen Worten herunterkommen und endlich im Klartext mit diesen sprechen. Nachfolgend finden Sie einen kleinen Auszug dafür:

Begriff	Verdeutschung
Low-Level Formatierung	Tiefstufengestaltung
Server	Bediener
Memory	Gedächtnis
CD-ROM	Dichtscheibe Lese-nur-Erinnerung
Migration	Wanderung
Operating System	Eingriffs-Taktik
SharePoint Portal Services	Teilpunkt Türdienste
Powerpoint	Kraftpunkt
Microsoft	Kleinstweich
Exchange	Austausch
Firewall	Brandwand
Virenscanner	Krankheitserreger-Abtaster
Power-Button	Kraftschalter
Mousepad	Nagermatte
Touchpad	Berührmatte
Keyboard	Schlüsselbrett
Joystick	Freudenstock
Notebook	Notizbuch
Task-Manager	Aufgaben-Verwalter
PC-Card	Persönliche Schätzer-Karte
USB	GNL (Gesamte Nacheinander Leiterbahnen)
Memory Stick	Gedächtnis-Stock
Security-Token	Sicherheitsmünzen
Switch	Wechsler
Router	Wegewähler
Hub	Rad-Nabe
Version	Ausgabe
Backup	Zurückerhöhung
Login	Einprotokollierung
Driver	Fahrer
Update	Aufdatierung

Versuchen wir dieses Vokabular zu trainieren, indem Sie den nachfolgenden Text lesen und diesen zu verstehen versuchen:

„Wir haben die letzte Woche den Kleinstweich Austausch auf die neue Ausgabe gewandert, alle Kraftpunkt-Dokumente auf dem Notizbuch über den Bediener auf eine Dichtscheibe zurückerhöht, die Einprotokollierungen mit Sicherheitsmünzen ermöglicht und alle Fahrer der Berührungsmatten aller Kunden aufdatiert."

Die Wahrheit über Ihren Chef

Nachdem Sie nun an der Sitzung so richtig brillieren können, möchte ich Ihnen eine solche mögliche Konversation nicht vorenthalten. Bedenken Sie dabei immer, dass Ihr Chef auch in die Kategorie der „LUser" fällt, da dieser meistens aufgrund seiner doch so wichtigen Management-Aufgaben keine Zeit mehr hat, sich mit der Technik zu beschäftigen. Der Feind hat sich sozusagen schon in der IT-Abteilung sesshaft gemacht und höhlt diese von innen aus, wie ein trojanisches Pferd. Falls Ihr Chef früher einmal als Techniker in der IT-Abteilung gearbeitet hat, ist das nicht zwingend ein gutes Zeichen.

***Hinweis:** Gehen wir einmal von zwei IT-Technikern in einer Abteilung aus – der eine ist fachlich top und sehr begabt. Der andere kann eigentlich nichts, kann dies jedoch sehr gut durch eine geschickte Wortwahl vertuschen. Was meinen Sie: „Wer wird hier wohl zum Chef befördert?"*

Auch wenn Ihr Vorgesetzter früher ein Top-Techniker war: Durch die schon sehr weitverbreiteten Management-Drogen (wie z.B. ROI, TTM), welche viel schlimmer sind als LSD & Co., wird die Handlungs- und Kommunikationsfähigkeit eines einst sehr guten IT-Guys auf das LUser-Niveau gesenkt. Vielleicht ist dieser enorme ROI-Drogenkonsum des Managements auch der Grund dafür, dass diese in den Sitzungen soviel Wasser zu sich nehmen müssen...

Der Dialog

Ihr Boss rückt sich seine Krawatte zurecht, öffnet mit einer enorm wichtig aussehenden Geste seine Nappaleder-Dokumentenmappe und greift in seine Anzugs-Tasche, um seinen goldenen Kugelschreiber zum Vorschein zu bringen. All dies passiert selbstverständlich vollkommen besonnen und ruhig ohne den Eindruck zu erwecken, dass er unter Zeitdruck steht.

Nach einer längeren Zeit des Schweigens, rückt er seine Lesebrille auf der Nase zurecht und blättert gemächlich die Dokumente durch, welche vor ihm liegen.

Wir können währenddessen nichts anderes tun, als den Mund zu halten und diese hochstilisierte Stimmung auf uns wirken zu lassen. Unsere Motivation sinkt von Seite zu Seite, welche unser Vorgesetzter umblättert. Das Geräusch eines raschelnden Stück Papiers, welches immer und immer wieder umgedreht wird, kann auf Dauer sehr zermürbend sein.

Mittlerweile könnten uns sogar so banale Dinge wie zwei Fliegen, welche in der Luft miteinander rammeln, mit neuen Lebensgeistern erfüllen. Deshalb durchstreifen unsere Augen langsam und suchend das Sitzungszimmer, um irgendeine kleine Sensation zu entdecken, welche uns diese mühselige Situation versüssen könnte...

...bis der Chef uns abrupt mit einem unüberhörbaren Räuspern in unseren Gedanken stört und die Sitzung mit wichtiger Stimme und den Worten „Meine Herren, lassen Sie uns die Traktanden der heutigen Sitzung durchgehen" eröffnet.

Danach lässt er mit erneutem Schweigen seinen Blick langsam von Person zu Person schweifen. Dies ist kein einfaches Unterfangen, da er seine Pupillen so weit wie möglich nach oben recken muss, damit er professionell über die Ränder seiner Lesebrille schielen kann. Als mich sein Blick erreicht...

...war dies mein Stichwort: Ich schaue auf die leere Stelle auf dem Tisch vor mir und stelle fest, dass ich weder an die Traktanden-Liste gedacht, noch Schreibpapier und Stift mitgebracht habe.

Hinweis: Wie sollen wir jedoch auch an so etwas Weltliches denken können, wenn wir dazu erzogen wurden, Tag und Nacht eine Tastatur und eine Maus zu benutzen und Termine im Outlook-Kalender einzutragen?

Es war jedoch schon zu spät, da uns zeitgleich die ironischen Worte des Spotts trafen, welche lauteten:

„Sind Sie eigentlich MacGyver und haben das Gefühl, dass Sie sich alles merken können was ich erzählen werde?!"

Hinweis: Während der Aussprache dieses Satzes zeigen die Mundwinkel des Chefs natürlich ganz weit nach unten. Gleichzeitig übermannt ihn jedoch eine tiefe Genugtuung – ein grosser Stolz auf diese Gewitztheit und eine grosse Portion Endorphine wird durch seinen Körper gepumpt.

Versuchen Sie in dieser Situation nicht mit irgendeiner Ausrede zu antworten – es würde nichts bringen. Starten Sie Ihre persönliche Firewall und lassen Sie diese Aussage an sich abprallen, wie das Raumschiff Enterprise einen Laser-Raketenangriff!

Um sich beim Chef gut zu stellen, genügen zwei Worte: „Ja, Chef!".

Hinweis: Vergleichen wir die Situation einmal mit der Tierwelt. Viele Tiere leben in Rudeln. Jedes Rudel besteht aus einem Anführer, welcher sich diese Position erkämpfen musste. Hierfür musste dieser Rudelführer oft über Leichen gehen, verschiedene andere Tiere von Läusen befreien oder einfach nur möglichst laut herumschreien.

Nichtsdestotrotz ist und bleibt dieser unser Boss und es gilt diesen auch stets zu huldigen. Desertieren bringt nur wenig, da wir uns in diesem Fall höchstens einem anderen Rudel anschliessen können oder in der Prärie (Arbeitsamt) eingehen würden.

Im Anschluss nimmt die Sitzung so unspektakulär wie immer ihren Lauf. Der Chef überrascht uns mit neuen Projekten, welche mehr als Beschäftigungstherapie gedacht sind und eigentlich nichts Nützliches bringen. Deshalb überspringen wir diesen Dialog nun auch, da dieser so wenig bringen würde, wie die Sitzung selbst.

Das Fazit

Ein guter Chef würde sich vorher seine Zunge abbeissen, als das Wort „Danke" zu erwähnen!

Seien Sie also nicht frustriert, wenn Ihr unermüdlicher Einsatz des letzten Wochenendes nicht honoriert wird und denken Sie stets daran, dass Ihr Vorgesetzter einen viel anstrengenderen Job ausübt. Er verdient ja auch mehr...

Gerne möchte ich Ihnen jedoch eine kleine Checkliste auf den Weg geben, damit diese Sitzungssituationen für Sie in Zukunft erträglicher ablaufen werden und Sie Ihren Vorgesetzten beeindrucken können. Die wichtigste Sache ist bestimmt einmal, dass Sie das nächste Mal ein Stück Papier (am besten einen ganzen Notizblock) und einen Stift mitnehmen – auch wenn Sie nichts aufschreiben werden. Zudem können Sie sich die Sitzung mit den folgenden beiden Tipps interessanter und erfolgreicher gestalten:

1. **MINGO! (Management-Bingo)**
    Eine Abwandlung des klassischen Bingo-Spiels, welches jedoch nicht mit Zahlen gespielt wird, sondern mit Fachbegriffen aus der Management-Welt. Schreiben Sie hierzu etwa 10 Wörter auf ein Stück Papier (z.B. ROI, konsolidieren, Change-Management, Summary, Workflow, etc.).

    Sobald Ihr Vorgesetzter während der Sitzung ein Wort von Ihrer Liste erwähnt, streichen Sie dieses einfach durch. Sobald Sie alle Wörter durchstreichen konnten, stehen Sie auf und rufen voller Freude mit lauter Stimme: „MINGO!".

    Dies ist vor allem dann spannend, wenn dies gleich mehrere Mitarbeiter in der Sitzung gegeneinander spielen. Führen Sie am besten eine Rangliste über das Jahr hinweg.

2. **Bringen Sie Kuchen und Torten mit zur Sitzung!**
    Nein! Sie sollen keine Rahmtorte mitnehmen, welche Sie dem Chef in das Gesicht drücken!

    Ich meine diesen Titel viel symbolischer – es geht dabei nämlich um ein ausgedrucktes Blatt mit vielen schönen farbigen Kuchen- und Tortendiagrammen darauf. Schliesslich müssen Sie Ihrem Vorgesetzten beweisen, dass Sie auch Ihr Geld wert sind und etwas arbeiten – und wie könnten Sie das besser?

Haben Sie wirklich das Gefühl, dass Ihr Chef jemals einen Blick ins Active Directory oder die Firewall-Konfiguration werfen wird? Ein ganz klares NEIN!

Dennoch müssen Sie ihm beweisen, wie wichtig Sie für den Betrieb sind. Erstellen Sie hierzu z.B. Tortendiagramme, welche aufzeigen, wie viele Angriffe auf das Netzwerk Sie über die letzten Monate verhindern konnten, etc.

Hinweis: *Machen Sie sich dabei nicht zu viel Arbeit! Die Zahlen müssen nicht wirklich stimmen! Er wird die Legende dazu sowieso nicht lesen – seien Sie einfach dafür besorgt, dass Sie möglichst viele bunte Farben verwenden – das lenkt ab!*

Das Vokabular

Ein Chef (LUser) sagt:	Was es bedeutet:
Die Zahlen sehen nicht so gut aus!	Obwohl es der Firma sehr gut geht, konnte ich mir das letzte Jahr keinen überrissenen Bonus auszahlen und somit meine Zweit-Yacht nicht erwerben.
Das sollte doch eigentlich bis Morgen Abend möglich sein!	Dies ist keine Frage, sondern eine Tatsache, welche Ihr Chef von Ihnen erwartet und voraussetzt. Ihm ist es auch egal, ob Sie dafür die ganze Nacht durcharbeiten, solange er vor dem heimischen Kamin seine Zigarre rauchen kann.
Das geht doch ganz einfach über Drag'n'Drop!	Wir müssen zwar tage- und nächtelang für eine solche Lösung programmieren, was jedoch in der Anwendung oder der Website kaum ersichtlich ist. Somit ist dies einfach zu realisieren und bedeutet kaum Arbeit für den Developer!

Die Bilder auf der Website dürfen maximal 2 cm hoch sein!	**Mir ist egal in welchen Masseinheiten Du rechnest. Wir leben in Europa und da verwenden wir das metrische System und Basta!**
Wir müssen unbedingt den ROI der Migration messbar machen und neue Ziele in der Budgetierung und Planung neuer Projekte berücksichtigen, welche uns helfen, die beiden Systeme zu konsolidieren!	Diese Aussage hat keinerlei Bedeutung. Er möchte uns einfach beweisen (vorgaukeln), dass er etwas von der Sache versteht und intelligent auf uns wirken.
Wir sind schon zwei Wochen mit dem Projekt im Rückstand!	Ich gebe den „schwarzen Peter" an meine Abteilung weiter: Es war mir zwar von Anfang an klar, dass dieses Projekt absolut unrealistisch in dieser kurzen Zeit umsetzbar ist. Die Schuld trifft jedoch einzig die ausführenden Personen!

Eine alltägliche Schulungssituation

Der Dialog

Am Mittwoch muss Fred zu seinem Überdruss von seinem Vorgesetzten erfahren, dass bald eine neue Version von Office in der Unternehmung eingeführt wird. Dabei ist Fred seinem Grundsatz stets sehr treu, welcher besagt, dass *jede* Veränderung *nichts* Gutes bedeutet.

Zudem heisst dies auch, dass er eine Schulung besuchen muss, welche ihn mit dem Umgang der neuen Version vertraut machen soll – und dies, obwohl man ihm sowieso nichts mehr beibringen muss, da er ja eigentlich schon alles kann.

Wir haben erst an der wöchentlichen Sitzung von der anstehenden Migration auf die neue Office-Version erfahren, da das Management einfach mal wieder für uns entschieden hat, ohne weitere Abklärungen getroffen zu haben. Wir haben auch erfahren, dass wir eine Benutzerschulung durchführen müssen, welche uns sehr grosse Vorfreude bereitet. Man muss dazu sagen, dass v.a. die Informatiker zu derjenigen Spezies angehören, welche grundsätzlich sehr ungern etwas vor anderen Personen erklären – v.a. wenn es sich bei diesen

Personen um LUser handelt – da kann man eigentlich nur verlieren…!

Nach unzähligen unternommenen Versuchen, der Schulung fernzubleiben, muss Fred dennoch am Tag X antreten und setzt sich missmutig, jedoch mit einem selbstgefälligen Lächeln auf den Lippen, in den Konferenzraum.

Fred hat sich am Vorabend extra intensiv auf den Kurs vorbereitet und alle Details der neuen Office-Version „ergoogelt" – und dies, obwohl seine Frau gar einmal keine Migräne hatte!

Wir schauen in die mordlüsternden Augen von Fred und können jetzt schon erahnen, dass er uns das Leben während der nächsten Stunden zur Hölle machen wird. Er wird wohl alles daran setzen, dass wir uns vor allen Teilnehmern blamieren werden. Vor unseren Augen zieht innert Sekunden nochmals unser gesamtes Leben vorbei und der Puls steigt auf eine Frequenz an, welche fast schon unser IEEE 802.11n-Netz zum Flackern bringen könnte. Von einer Sekunde auf die andere wünschen wir uns inniglich, dass genau jetzt ein Absturz unseres Mailservers uns erlösen könnte.

Hinweis: *Obwohl ich nun wahrscheinlich auf die Blackliste all meiner Trainer-*

Kollegen gelange, möchte ich Ihnen zu diesem Zeitpunkt kurz einen Überblick über das gefürchtetste Ereignis in einer Kurssituation geben, welches einen Trainer ereilen könnte. Mit dem folgenden Vorgehen können Sie jeden Trainer komplett aus der Fassung bringen:

1. Verkünden Sie bei der Vorstellungsrunde möglichst ketzerisch, dass Sie eigentlich nur an dieser Schulung teilnehmen, weil Sie ihr Vorgesetzter dafür angemeldet hat und dass Sie ja eigentlich auch schon alles über dieses Thema wissen.

*2. Zuhören ist grundsätzlich langweilig – **zeigen Sie dies Ihrem Trainer**, indem Sie sich möglichst oft strecken oder gähnen (möglichst laut und extrovertiert, damit es auch alle anderen Teilnehmer mitbekommen). Eine kleine Runde Solitär kann zudem auch nicht schaden, während der Trainer etwas lang und breit erklärt. Am besten ist es zudem, wenn der Trainer dies irgendwie mitbekommt.*

3. Fragen Sie Ihren Trainer danach möglichst plump nach einem Sachverhalt, welchen dieser gerade ausgiebig erklärt hat. Lassen Sie sich dabei jedoch nicht anmerken, dass Sie wissen, dass der Trainer in der letzten Stunde ausschliesslich über dieses Thema gesprochen hat. Haken Sie vielmehr nach und zeigen Sie ihm, dass diese Tatsache für Sie vollkommen neu ist und vom Trainer gar vergessen wurde.

4. Hören Sie der erneuten Erklärung des Trainers mit möglichst desinteressierten Gesichtszügen zu. Fortgeschrittene können sich in dieser Situation gar erneut die Karten im Solitär geben lassen. Zeigen Sie während der erneuten Erklärungen des Trainers keinerlei Gesichtsregungen, sondern lassen Sie alles was dieser sagt an sich abprallen. Der Trainer soll der Meinung sein, dass seine Erklärungen immer noch nicht gut genug für Sie waren und er sich deshalb mit anderen Worten wiederholen muss. Nicken Sie also auf keinen Fall und sagen Sie auch nichts! Er soll spüren, dass er Ihnen nichts beibringen kann!

5. Wiederholen Sie die Schritte 2 – 4 während eines Kurstages mindestens drei Mal.

Ein wirklich guter Trainer wird sich davon kaum aus der Ruhe bringen lassen und Ihnen bereitwillig eine Auskunft geben (soweit vertretbar). Wundern Sie sich jedoch nicht, wenn Ihr Trainer plötzlich sehr oft eine seiner Hände in der Hosentasche versteckt – er wird sich fortlaufend in seinen Oberschenkel *kneifen, um dadurch mehr Schmerzen zu verspüren, als diejenige, welche Sie ihm zufügen.*

Mein absoluter Lieblingsspruch bei Vorstellungsrunden ist stets der nette Satz: „Ich bin schon seit über 20 Jahren in der Informatikbranche tätig" (der Teilnehmer lässt seine rechte Hand während der Aussprache dieses Satzes meistens von seinem linken Oberschenkel weiträumig über seine rechte Schulter schwenken). Anschliessend vervollständigt dieser den Satz mit den Worten: „Ich bin eigentlich nur hier, um vielleicht noch ein paar wenige Dinge zu erfahren, welche in meiner langjährigen Tätigkeit in der Branche in Vergessenheit geraten sind.".

Falls Sie diesen Satz in einer Vorstellungsrunde in einem meiner Kurse erwähnen, tragen Sie übrigens sofort eine grosse Tätowierung auf Ihrer Stirn, welche folgende Aufschrift vorweist (in Arial Bold, 32pt.): „LUSER!!!". Dazu möchte ich erwähnen, dass ich persönlich vielleicht gerade deshalb auf eine Vorstellungsrunde in meinen Kursen und Lehrgängen verzichte... Es gibt dabei nur Verlierer – die einen sprechen nicht gerne vor einer Gruppe über sich und die anderen möchten sich nur profilieren, was die erste Kategorie von Personen nur noch mehr einschüchtert.

Die Schulung beginnt mit der klassischen Vorstellungsrunde und Fred freut sich schon wie ein Kleinkind auf den Zeitpunkt seines glamourösen Auftritts. Während seine Mitschüler sich viele Gedanken darüber machen, was diese nun Interessantes von sich geben können, wenn diese an der Reihe sind, denkt er schon an die vielen blauen Stellen am Oberschenkel des Trainers, welche er diesem verbal zufügen kann.

Als Fred nun endlich an der Reihe ist, tut er so, als ob er dies nicht wisse. Dann lässt er sich erneut vom Trainer dazu auffordern, sich persönlich vorzustellen, da er ja auch **so** wichtig ist. Anschliessend beginnt er mit dem Satz: „Mein Name ist B.!" – er würde sich vorher die Zunge abbeissen, als zu diesem Zeitpunkt seinen Vornamen zu erwähnen – „Ich arbeite nun schon seit 20 Jahren in diesem Unternehmen – also wahrscheinlich schon länger, als jeder andere Mitarbeiter hier im Raum! Ich arbeitete schon mit der ersten Version von Office!" – diesen letzten Satz sagt er mit einer Andeutung darauf, dass er wohl schon vor Ihrer Geburt der erste Mensch auf dieser Welt war, welche von Office gehört hatte.

Danach setzt er seine Vorstellung mit dem folgenden Wortlaut fort: „Ich supporte sogar meine Mitarbeiter, falls diese ein Problem mit dieser Software haben!" und lässt Sie unmissverständlich zwischen den Zeilen wissen, dass dies eigentlich Ihr Job wäre und er Ihnen ja so viel Arbeit dadurch abnimmt und sowieso eigentlich unersetzlich ist – gleichzeitig fühlt er sich insgeheim sehr stolz, da er die Informatiker-Worte „supporten" und „Software" richtig aussprechen konnte.

Abschliessend und sozusagen als Krönung seines Plädoyers fügt Fred hinzu: „Ich bin eigentlich nur hier, um zu sehen, dass meine Mitarbeiter von dieser Schulung auch profitieren können!" – um uns zwischen den Zeilen unverhohlen mitzuteilen, dass wir die ach so kostbare Zeit dieses Teilnehmers nur mit einem dreifachen Salto aus dem Stand kompensieren können.

Unsere rechte Hand wandert gemächlich und langsam in die Hosentasche und zwei Finger bohren sich langsam tief unter die Haut unseres Oberschenkels. Diese enormen Schmerzen überspielen wir gekonnt mit einem freundlichen und verbindlichen Kopfnicken, damit sich unser Kursteilnehmer so bestätigt wie möglich sieht. In unserem tiefsten Inneren planen wir jedoch jetzt schon unsere Pausenaktivitäten – einem Rendezvous zwischen unserem Fuss mit der Wand im Vorzimmer des Schulungsraums. Gleichzeitig ringen wir damit, unsere Stimme möglichst unter Kontrolle zu bringen und antworten souverän mit dem Satz: „Besten Dank Herr B.! Es freut mich, dass Sie dennoch Ihre kostbare Zeit dafür aufbringen, heute ein Gast bei uns zu sein!".

Fred denkt sich: „1 zu 0 für mich" – und irgendwie hat er sogar recht damit.

Dieses „1 zu 0" ist zwar absolut unverdient – sozusagen wie ein Elfmeter nach einer Schwalbe des Gegners im Fussball, ohne dass der Schiedsrichter etwas davon mitbekommen hat, da er gerade seine Schuhbändel zubinden musste.

Hinweis: Waren Sie noch nie gemein zu einem Sales-Mitarbeiter? Wenn nicht, dann ist dies die ideale Methode, Ihren Frust abzubauen: Begeben Sie sich auf eine IT-Fachmesse, suchen Sie den Stand einer beliebigen Firma aus und zeigen Sie ein vorgeheucheltes Interesse am Produkt. Es wird nur wenige Sekunden dauern, bis sich ein Verkäufer an Ihnen festsaugt, wie eine Fliege am Hundekot.

Spielen Sie zuerst den Dummen und lassen Sie Ihr Gegenüber erklären, weshalb genau **dieses** *Produkt Ihr Leben bereichern könnte. Geben Sie sich dabei selbstverständlich auf keinen Fall als IT-Professional zu erkennen!*

Erst am Ende seiner Ausführungen (und wirklich erst dann, wenn der Verkäufer nichts mehr zu erzählen weiss, was **sehr** *lange dauern kann), bombardieren Sie diesen mit technischen Detailfragen im Akkord. Achten Sie dabei sehr genau auf sein Gesicht und freuen Sie sich daran, wie sich die Lachfalten an seinen Augenrändern zuerst in tiefe Stirnrunzeln und anschliessend in den Zustand der puren Verzweiflung umschlagen! Geniessen Sie diesen Augenblick und versuchen Sie sich, diesen so richtig zu verinnerlichen!*

Ihr Ziel soll es sein, dass Sie jeweils mindestens einen Verkäufer mehr auf Ihrem Gewissen haben, als ein Kursteilnehmer Sie! Somit sind Sie im Prinzip immer noch ein Tor im Vorteil und somit an der Tabellenspitze!

Nachdem Fred nun schon eine Stunde lang sein Desinteresse an Ihren Worten gezeigt hat, versucht er sich vor den anderen Teilnehmern zu profilieren, indem er eine wichtig klingende Frage nach der anderen an den Trainer richtet.

Hinweis: *Eigentlich sind dies meist keine Fragen, sondern mehr wichtigtuerische Anekdoten, welche in keinerlei Zusammenhang mit dem jetzigen Thema stehen. Es geht dabei eigentlich nur darum, den anderen Teilnehmern zu zeigen, dass man ja schon so viel Erfahrung hat.*

Obwohl diese Frage weder in den Kontext des aktuellen Themas passt und auch jeglichen Kommentars widerspricht, dürfen wir den Teilnehmer (leider) nicht blossstellen und antworten mit der freundlichen Floskel: „Dies ist eine sehr gute Frage, Herr B.!". Danach versuchen wir eine passende Antwort zu finden, welche weder uns, noch den Teilnehmer bloss stellt und sich in etwa so anhören könnte: „Ich werde dies auch gleich sofort an die verantwortliche Person in unserem Team weiterleiten, da es ja auch so enorm wichtig ist, dass Sie Ihren Mauszeiger in der Wunschfarbe Gelb einstellen können!".

Fred hält an seiner Taktik fest und wird dieses Vorgehen in den nächsten Stunden regelmässig wiederholen, um Sie noch komplett zu zermürben.

Am Ende des Schulungstages ist die Arbeit von Fred beendet – er ist mit dem Ergebnis soweit zufrieden und meint effektiv, dass er sich vor den anderen Teilnehmern profiliert hat.

Wir fragen Fred am Ende des Kurses, ob er nun entsprechend mit der neuen Software umgehen kann und trotz seiner enormen Vorkenntnisse ein bisschen von diesem Kurs profitieren konnte. Mit einem leeren Blick schaut er mich an - spätestens dann weiss ich, dass er überhaupt *nichts* verstanden hat...

Das Fazit

Alle Beteiligten sind froh darüber, diesen Tag irgendwie lebend überstanden zu haben. Das Schöne an dieser Situation ist die Tatsache, dass wir hier von einem Win/Win-Verhältnis ausgehen können, obwohl dies auf den ersten Blick nicht spürbar ist. Der Trainer hat höchstens ein paar blaue Flecken am Oberschenkel daraus entnommen.

Versetzen Sie sich jedoch einmal in die Lage des Kursteilnehmers: Es muss doch die Hölle für diesen sein, dessen Kompetenz stets vor den anderen Mitschülern zu beweisen! Dies ist keineswegs eine einfach Aufgabe und höchst anstrengend! Sie können sich sicher sein, dass dessen Unterhemd v.a. in der Region der Achseln schweissdurchnässt sein wird! Natürlich nur mit dem Ziel, cool zu wirken.

Vergleich (Version für Männer)

Stellen Sie sich vor, dass Sie Ihre neue Flamme in ein mexikanisches Restaurant ausführen. Natürlich möchten Sie vor ihr angeben und bestellen Ihr Chili natürlich Extra-scharf! Nachdem Sie Ihren ersten Bissen davon eingenommen haben, ziehen sich jegliche Geschmacksnerven von der Zungenspitze bis zum Gaumen zusammen. Sie versuchen zudem den daraus resultierenden Schluckauf mit den grössten Anstrengungen zurückzuhalten. Zu diesem Zeitpunkt ein Glas Milch zu bestellen, wäre gleichbedeutend, wie eine komplette Kapitulation! Deshalb reissen Sie sich zusammen und versuchen mit einer möglichst entspannt klingenden Stimme eine Bestellung einer zusätzlichen Portion getrockneten „Habañero"-Chilis in Auftrag zu geben, welche Sie dann mit einer vollkommenen Coolness auf Ihrem Chili verteilen und ohne eine Wimper zu zucken vertilgen. Sie sind ja auch ein so harter Typ (und leiden hinter der Fassade)!

Vergleich (Version für Frauen)

Stellen Sie sich vor, Sie prominieren mit Ihrer neuen Flamme durch eine exklusive Ladenstrasse, in welcher ein neues Schuhgeschäft nach dem anderen eröffnet hat – sozusagen alle Schuhläden von Mailand in einer einzelnen Gasse. Ihr Begleiter wundert sich schon sehr darüber, dass Sie nicht gleich mit schriller, fast schon hysterischer Stimme losschreien: „Jetzt weiss ich, wie sich Eva im Garten Eden gefühlt haben muss, als Sie diesen schmackhaften Apfel sah – nur handelt sich hier gar um **SCHUHE!**". Sie gehen jedoch ohne eine Wimper zu zucken an allen Geschäften vorbei, ohne überhaupt einen Blick auf die Schaufensterauslagen zu werfen, während dessen sich Ihr Blutdruck vornimmt, den Weltrekord im Stabhochsprung zu erlangen.

Welchem Geschlecht Sie nun auch immer angehören: Erfreuen Sie sich und zehren Sie an den Qualen Ihres Gegenübers! Erlaben Sie sich an den seelischen und körperlichen Grausamkeiten, welche dieser in dieser Situation durchmachen wird! Diese Art von Folter wird durch die Genfer Konvention nicht verboten und zudem fügt sich der Benutzer diese Schmerzen selbst zu!

Mitleid ist in einer solchen Situation absolut fehl am Platze und „Sie wissen ganz genau, dass Ihr Gegenüber nicht weiss, dass Sie wissen, was er / sie durchmacht"...

Dies tröstet Sie auch schnell über die blauen Flecken auf Ihrem Oberschenkel hinweg!

Das Vokabular

Ein LUser sagt:	Was es bedeutet:
Ich arbeite schon seit Urzeiten mit dieser Software!	Ich war schon geboren, als die erste Version dieser Applikation veröffentlicht wurde, habe jedoch keine Ahnung davon, wie man diese bedient, da ich mich nie belehren liess...
Ich unterstütze meine Mitarbeiter stets, wenn diese ein Problem bei der Bedienung der Software haben!	Ich schiebe alle Fehler grundsätzlich auf die IT-Abteilung. Wenn ein so schlauer Bursche wie ich nicht weiss, wie man eine gewisse Problematik lösen kann, dann weiss dies natürlich auch niemand anders!
Ich besuche diesen Kurs eigentlich nur, um mein Gedächtnis aufzufrischen, da ich eigentlich schon alle Features kenne!	Ich habe keine Ahnung von dieser Software, möchte jedoch mein Gesicht nicht vor den anderen Teilnehmern verlieren und spiele deshalb den Superhelden. Ein Superheld stellt auch NIE eine Frage.
Ich bin erkältet oder habe keine Zeit. Deshalb werde ich die Abschluss-Prüfung dieses Kurses nicht absolvieren!	Ich möchte mich nicht vor meinen Mitarbeitern / Mitstudenten blamieren, da ich genau weiss, dass ich diesen Test NIE bestehen könnte.

Diese neue Version bietet kaum sinnvolle neue Optionen!	Ich will mich nicht mit den neuen Features beschäftigen, da ich diese grundsätzlich nicht benötige. Jeglicher Fortschritt ist sinnlos, da ich diesen nicht selbst erfunden habe!
Ich habe heute eigentlich nichts Neues gelernt!	Für mich war eigentlich alles neu, ich würde dies jedoch nie in Gegenwart meiner Mitarbeiter zugeben!
Ich kann morgen nicht am Kurs teilnehmen, da ich wichtigere Dinge zu erledigen habe!	Eigentlich hätte ich es absolut nötig und kann mir keine Absenz erlauben. Dies muss jedoch niemand sonst wissen – wobei es keine coolere Ausrede gibt, als meine eigene unersetzliche Position vor allen heraus zu posaunen!

Der Anruf beim Helpdesk

Der Dialog

Fred hat aus Versehen alle seine Dateien gelöscht, als er versuchte, diese auf seinen Memory-Stick zu verschieben. Deshalb greift er zum Telefonhörer und ruft beim firmeninternen Helpdesk an.

Sein offizielles Ziel gegenüber dem Helpdesk ist natürlich nicht, sich helfen zu lassen – er möchte eigentlich nur klarstellen, dass wir zu dumm dafür sind, eine Technologie zu implementieren, welche eine solche Tatsache verhindert.

Wir sehen die Nummer von Fred auf dem grossen Display unseres Telefongeräts aufleuchten und überlegen uns kurz, ob es nun der richtige Zeitpunkt dafür wäre, ein One-Way Ticket nach Timbuktu zu buchen. Schweren Herzens nehmen wir das Telefongespräch dennoch an.

Fred beginnt sofort mit der Schilderung seines Problems, welche sehr kurz und bündig ausfällt: „Meine Dateien sind nicht mehr da!".

Hinweis: *Ein LUser würde Ihnen niemals von Anfang an einen Fehler zugeben. Zudem stellt er Ihnen auch nie eine Frage, sondern konfrontiert Sie mit einem Ausrufesatz.*

Sie wissen genau, dass Fred von Ihnen eine sofortige Antwort erwartet, da er die Wartezeit ansonsten wieder für ketzerische Sprüche über die IT an seine Mitarbeiter ausnutzen würde.

Obwohl Sie die Antwort schon kennen, stellen Sie dennoch die glorreiche Frage aller Fragen – aus dem einzigen Grund, den Benutzer kurz zu beschäftigen und Zeit zu schinden:

„Was haben Sie denn als letztes gemacht?"

„NICHTS!"

Nach einer kurzen Redepause, um das „Nichts" noch so richtig zu untermauern, hängt Fred natürlich noch die Floskel „Ich weiss doch, wie man diese Kiste bedienen muss" an.

Die Phase 1 hat begonnen: Das Abstreiten!

Hinweis: Falls Sie schon jemals die Phasen des Problemlösungszyklus in einer Schulung erlernt haben, dann wird es jetzt höchste Zeit, diese zu vergessen. Die Realität sieht nämlich ganz anders aus…

Jetzt heisst es mal wieder die Ruhe und einen kühlen Kopf zu bewahren! Jetzt einfach nichts Falsches sagen, obwohl uns so viele schöne ehrliche Antworten in unseren Köpfen umherschwirren, wie z.B.:

- „Wenn Sie **Nichts** tun, weshalb hat man Sie denn angestellt?"

oder

- „Wahrscheinlich mögen Sie nicht einmal Ihre Dateien und sind deshalb abgehauen!"

Da wir jedoch nicht unanständig sein und den LUser mit denselben Waffen bekämpfen möchten, wie dieser uns, versuchen wir selbstverständlich das Gespräch normal und professionell fortzusetzen.

Hinweis: Fred hat uns soweit: Eine anständige Floskel zur Fortführung des Gesprächs ist für uns nur noch möglich, indem wir schleimen oder lügen! Der Kunde ist König und hat immer recht! Wir streichen uns demnach von oben bis unten mit Vaseline ein, damit wir so tief wie möglich rein kriechen können.

Wir holen tief Luft und sagen: „Selbstverständlich haben Sie bestimmt alles richtig gemacht! Versuchen wir jedoch schnell gemeinsam, die Ursache für das Problem zu finden. Da hat sich wahrscheinlich ein kleiner Fehlerteufel eingeschlichen."

„Wie kann denn so etwas passieren?!" erwidert Fred darauf.

Hinweis: Ein Benutzer möchte zu diesem Zeitpunkt unbedingt persönlich vom Helpdesk hören, dass dieser Fehler auch durch andere Einflüsse entstehen konnte. Die Präferenz von Fred ist natürlich ein Zusammenhang mit einer fehlerhaft ausgeführten Aktion der IT. Er stellt Sie damit auf die Probe, da Sie auch jetzt keine direkten Anschuldigungen erwidern dürfen.

In dieser Situation gibt es nur wenige mögliche Antworten – sehr gut helfen jedoch die folgenden beiden Floskeln:

- „Es könnte sein, dass ein Virus per Zufall auf Ihren Computer gelandet ist und die Dateien gelöscht hat!"

    oder

- „Wahrscheinlich handelt es sich um einen Bug im Betriebssystem!"

Sobald Sie beginnen, einem Benutzer Fragen zu stellen, um das Problem einzugrenzen, erwartet uns die nächste Stufe im Problemlösungsprozess.

Die Phase 2 hat begonnen: Das Bestätigen

Um diese zweite Phase besser zu verstehen, verfolgen Sie nun den weiteren Verlauf des Dialogs, welchen wir mit der folgenden Frage fortsetzen:

„Haben Sie die Dateien wirklich auf das Symbol des Flash-Laufwerks im Windows Explorer gezogen?"

„Ja"

„Wurde danach ein Fortschrittsbalken in einem kleinen Fenster angezeigt, welcher den Verlauf des Verschiebevorgangs anzeigt?"

„Ja"

„Haben Sie dabei wirklich während des Drag'n'Drop-Vorgangs die linke Maustaste gedrückt gehalten?"

„Ja"

„Haben Sie nach dem Verschiebevorgang überprüft, ob die Dateien am neuen Ort auch vorhanden sind?"

„Ja"

Sie haben wahrscheinlich bemerkt, dass dieser Dialog beliebig lange weitergeführt werden könnte. Wir haben jedoch auch einen sehr grossen Fehler in der Kommunikation mit dem Benutzer gemacht:

„Man stelle NIEMALS geschlossene Fragen!"

Er wird sowieso immer mit „Ja" antworten. Weshalb sollten wir es unserem Benutzer auch so einfach machen? Genau in dieser Situation haben wir endlich einmal die Möglichkeit, unseren Fred an die Wand zu spielen! Wie das geht? Lassen Sie ihn erklären, was er gemacht hat und moderieren Sie seine Gesprächsteilnahme. Übernehmen Sie die Rolle des Gesprächsführers!

Versuchen wir es also nochmals von Anfang an – dieses Mal einfach mit offenen Fragen und geniessen Sie den Gesprächsverlauf:

„Wie haben Sie es genau angestellt, die Dateien zu verschieben?"

„Was für eine Frage! Wie immer! Ich habe diese mit der Maus markiert und dann einfach rüber gezogen!"

Sie haben bestimmt schon einmal etwas vom „Pferdeflüsterer" gehört – auch

diese müssen den Willen der Pferde brechen – wieso sollten wir dies also nicht auch mit unseren LUsern tun können? Tauchen Sie ein in die Welt der „LUserflüsterer" und brechen Sie seinen Willen!

„Wie und wohin haben Sie die Dateien verschoben und welche Dateien haben Sie markiert?"

Hinweis: *Versuchen Sie Ihre Fragen chronologisch so unmöglich wie möglich zu stellen und packen Sie möglichst viele Fragen in einen einzelnen Satz! Formulieren Sie Ihre Informationen sozusagen parallel, mit dem Wissen, dass Ihr Gegenüber nur seriell empfangen kann.*

Kurze Pause – Fred fühlt sich überfordert und schluckt kurz. Nach einiger Zeit stottert er Ihnen die folgende Antwort zu:

„Naja, mit der Maus… Auf den Memory Stick. Halt die Dateien, welche ich verschieben wollte…"

Merken Sie schon etwas? Wir gehen langsam in Phase 3 des Problemlösungszyklus über:

Die Phase 3 hat begonnen: Brechen des Willens!

Hinweis: Fred hat den Ausspruch „Naja" gebraucht. Das ist die Vorstufe der Verzweiflung und Selbstaufgabe. Jetzt gibt es nur eins: Machen Sie weiter so und formulieren Sie dieselbe Frage detaillierter in anderer Reihenfolge nochmals.

„Wie hat denn das Symbol des Memory Sticks ausgesehen und wie haben Sie die Dateien mit der Maus ausgewählt und verschoben?"

„Wie habe ich das eigentlich gemacht?", denkt sich Fred bei sich. „Habe ich wirklich alles richtig gemacht?". Fred geht nochmals tief in sich und denkt über sein Vorgehen nach, bis er dann wieder einen Angriffsversuch unternimmt (Angriff ist bekanntlich die beste Verteidigung):

„Ich habe in den letzten 20 Jahren schon oft Dateien mit der Maus verschoben! Ich bin doch nicht blöd! Was möchten Sie jetzt eigentlich von mir wissen?"

Wir dürfen uns jetzt auf keinen Fall unterkriegen lassen: Seien Sie jetzt stark! Abgesehen von der Tatsache, dass vor 20 Jahren noch keine Mäuse existierten, müssen wir jetzt cool bleiben. Wir kommen in die heisse Phase! Deshalb setzen wir auf den Wiederholungseffekt mit einer Priese Weihrauch für unser Gegenüber und kontern mit dem Satz:

„Es ist mir bewusst, dass Sie in Sachen IT sehr fit sind, dennoch müssen Sie meine Frage beantworten, damit ich Ihnen helfen kann. Wie hat also das Symbol des Memory Sticks ausgesehen und wie haben Sie die Dateien mit der Maus ausgewählt und verschoben?"

„Mein Memory-Stick wird als kleiner grauer Korb im Explorer dargestellt. Als ich den Mauszeiger darüber positioniert hatte, habe ich die Taste losgelassen."

Haben Sie gesehen: Hartnäckigkeit zahlt sich aus! Wir wissen nun, was das Problem ist – Sie auch?

Die Phase 4 beginnt: Die Folter!

Hinweis: Fred steht nun vor Ihnen – mitten auf einer sehr belebten Strasse einer Grossstadt. Seine Hose kommt zusammengerollt auf seinen Schuhen zu liegen. Sie haben nun zwei Möglichkeiten: 1. Sie schlagen zu, zeigen auf ihn und lachen ihn aus (dies entspricht Nelsons Methode, falls Sie die Simpsons kennen) **oder** *2. Sie sind ein Gentlemen und versuchen Ihre Urinstinkte beiseite zu legen. Ihr Gewinn kann mit der Wahl der zweiten Option viel höher ausfallen.*

Beispiel: *Spielen Sie Poker? Mal angenommen, Sie haben einen Royal Flush in der Hand. Würden Sie in dieser Situation sofort Ihr T-Shirt ausziehen und zur nächsten Eckfahne rennen? Nein! Sie bleiben hoffentlich cool und versuchen Ihren Gewinn weiter in die Höhe zu treiben, indem Sie Ihr bestes Poker-Face aufsetzen.*

Die zweite Variante kann demnach viel effektiver sein, da Fred Ihnen anschliessend nicht einmal nachweisen kann, dass Sie ihn direkt angegriffen haben. Deshalb fragen Sie mit einer positiv klingenden Stimme nach:

„Hatte dieses Symbol auch drei kleine runde Pfeile in der Mitte, welche einen Kreis bilden?"

Hinweis: *Falls Sie erst jetzt merken, was Fred's Fehler war, dann müssen Sie wohl noch etwas an Ihren Windows-*

Kenntnissen arbeiten...

„Ja! Genau, das ist das Symbol meines Memory Sticks!"

Hinweis: *Im tiefsten Inneren spürt Fred, dass irgendetwas nicht stimmt. Langsam bilden sich kleine Schweissperlen auf seiner Stirn, welche sich nach und nach miteinander vereinen und grossräumig an seinen Wangen herunter quirlen.*

Wie schon im Mittelalter sollten wir unserem Gegner die Chance geben, sich selbst zu erledigen und einen Ehrentod zu sterben.

Die Phase 5 beginnt: Der Gnadenstoss!

Deshalb doppeln wir mit der folgenden Frage nach:

„Können Sie kurz in den Windows-Explorer wechseln und mir sagen, was rechts neben diesem Symbol steht?"

Hinweis: *Der Tonfall des Helpdesks gefällt Fred immer weniger. Er spürt nun immer deutlicher, dass diese ganze Sache nicht so läuft, wie er es eigentlich geplant hatte. Die Schmetterlinge in seinem Bauch mutieren langsam aber sicher zu Fledermäusen.*

Widerwillig, von der Angst gezeichnet, öffnet Fred den Windows-Explorer und liest lautlos das Wort neben dem vermeintlichen Symbol: „Papierkorb"…

Gleichzeitig zuckt sein Körper zusammen, als ob er auf einem elektrischen Stuhl sitzen würde. Sein Kleinhirn ruft die Alarmstufe rot aus und mobilisiert alle verfügbaren Gehirneinheiten zu einer Gegenoffensive. Endlich stellt sich dann jedoch auch der Verstand ein und flüstert dem Kleinhirn zu, dass es wohl besser ist, das Handtuch zu werfen und Schadensminimierung zu betreiben.

Selbstverständlich könnte und wird Fred auf keinen Fall seinen Fehler zugeben. Deshalb erwidert er:

„Ich habe die Dateien gerade wieder gefunden! Auf Wiederhören!"

Auch Sie legen den Telefonhörer wieder auf die Gabel.

Hinweis: Sie haben jetzt doch nicht erwartet, dass er Ihnen das Wort neben dem Symbol laut wiedergibt – oder? Also geniessen Sie diesen Moment, da Sie Ihren LUsern nicht immer nachweisen werden können, was diese wirklich angestellt haben.

Das Fazit

Damit Sie Ihre Anrufer besser verstehen können, müssen Sie erst einmal die 5 goldenen Regeln kennen:

1. Ein LUser ist unfehlbar und macht nie etwas falsch!

2. Ein LUser weiss grundsätzlich immer alles besser als ein IT-Mitarbeiter

3. Probleme eines LUsers lösen sich meistens wie von Geisterhand, sobald der IT-Guy anwesend ist

4. Ein LUser kommt an seine Probleme, wie Maria zu ihrem Kind – er hat bestimmt nichts dazu beigetragen. Fragen Sie demnach den Benutzer gar nicht erst, was er zuletzt gemacht hat, denn die Antwort lautet wie aus der Pistole geschossen: „NICHTS!".

Hinweis: Es wurde noch nicht erwiesen, dass der Benutzer damit nur seine Handlungen vertuschen möchte. Es könnte gleichermassen daran liegen, dass er kein Langzeitgedächtnis besitzt und alles einfach schon wieder vergessen hat. Darüber streitet sich die Wissenschaft schon seit Jahrzehnten...

5. Glauben Sie einem Benutzer NIE was er sagt! - Ein LUser würde vorher seine Grossmutter verkaufen, als Ihnen die Wahrheit zu sagen!

Lassen Sie uns zudem noch einmal alle Phasen des Problemlösungszyklus zusammenfassen:

1. Phase	•Das Abstreiten
2. Phase	•Das Bestätigen
3. Phase	•Brechen des Willens
4. Phase	•Die Folter
5. Phase	•Der Gnadenstoss

Dies stellt selbstverständlich den idealen Verlauf (für Sie als Helpdesk-Mitarbeiter) dar. Falls Sie in der dritten Phase Fehler machen, wird Ihr eigener Wille gebrochen und auch die weiteren Phasen wirken sich gegen Sie aus.

Trainieren Sie also diese Helpdesk-Situation, indem Sie z.B. mit Rollenspielen (z.B. zusammen mit Ihren Abteilungskollegen) für den Extremfall trainieren...

Das Vokabular

Ein LUser sagt:	Was es bedeutet:
Ich habe NICHTS gemacht!	Da streitet sich die Wissenschaft. Dies könnte zwei Bedeutungen haben: 1. Er versucht seine Unwissenheit zu vertuschen... **oder** 2. Er weiss es tatsächlich schon nicht mehr... **Fazit:** Fang mich, fang mich! Und wenn Du mich gefangen hast, kannst Du mich sowieso nicht bestrafen, da Du mir nichts beweisen kannst!
Meine Dateien / Icons sind *plötzlich* **weg!**	Ich war so blöd, alle meine Dateien / Icons zu löschen oder an einen mir unbekannten Ort (sozusagen, eine andere Galaxis) zu verschieben, habe keine Sicherung gemacht und erwarte nun dennoch von Dir, dass Du mir diese wiederherstellst

	(oder in LUser-Sprache: „Zurücksicherst")!
Die Datensicherungsmedien sind viel zu teuer!	Ich habe Reinigungsbänder gekauft und bin seit 4 Jahren der Meinung, dass meine Sicherung erfolgreich durchgelaufen ist!
Ich kann die Datei nicht speichern!	Die Festplatte ist bis zum Anschlag voll mit Schweinekram und hat kein Bit mehr für Nutzdaten frei.
Meine Netzlaufwerke sind plötzlich nicht mehr sichtbar!	Der Benutzer hat das Netzwerkkabel ausgesteckt, als er beim Kaffee holen darüber stolperte.

Anhang:
Pflaum's 10 Lieblings-
Quälmethoden

Ist Ihnen ein bestimmter Mitarbeiter ein Dorn im Auge? Möchten Sie Ihren Frust insgeheim zum Ausdruck bringen und diesen LUser langsam aber sicher zermürben?

Falls ja: Dann kann Ihnen die folgende Liste mit meinen persönlichen Quälmethoden dabei helfen, in relativ kurzer Zeit möglichst viel Unheil anzurichten:

1. Entfernen Sie das Netzwerkkabel vom Computer Ihres Opfers und kleben Sie einen Tesafilm über den RJ45-Stecker. Stecken Sie das Kabel anschliessend wieder ein und warten Sie auf einen Anruf. Dieses Szenario wird v.a. gerne angewendet, wenn es sich um den Computer einer besonders hübschen Mitarbeiterin / eines besonders hübschen Mitarbeiters handelt, da sich dieses Kabel meist unter deren / dessen Tisch befindet.

2. Stellen Sie in der Systemsteuerung in den Mauseinstellungen die Maustasten so um, dass diese vertauscht werden (Links- / Rechtshänder).

3. Falls ein Bildschirm eines Benutzers in dessen Pause nicht gesperrt sein sollte, dann erstellen Sie einen Screenshot und setzen diesen als Hintergrundbild von Windows ein. Wechseln Sie anschliessend in den Taskmanager und stoppen Sie den Prozess „Explorer.exe".

Variation: Sie können auch den Screenshot einer wüsten Fehlermeldung als Hintergrundbild einsetzen, bevor Sie den Explorer-Prozess beenden.

4. Entfernen Sie einige Tastenkappen auf dem Keyboard des Benutzers und stecken Sie diese vertauscht wieder auf.

Variation: Entfernen Sie jegliche Tastenkappen und verschaffen Sie so Ihrem Benutzer eine ideale Arbeitsumgebung – v.a. dann, wenn er nach dem Adlersystem tippt.

5. Falls der Benutzer Lautsprecher an seinem System angeschlossen haben sollte, dann drehen Sie diese auf maximale Lautstärke auf, bevor dieser seinen Computer startet. Er wird während des Anmeldevorgangs auf diese Weise alle Blicke der anderen Mitarbeiter im Grossraumbüro auf sich ziehen, wenn die wunderschöne Windows-Fanfare lautstark die Wände erzittern lässt.

6. Falls der Benutzer mehrere Post-Its an seinen Bildschirmrand geklebt hat, vertauschen Sie deren Position. Diese Quälmethode ist v.a. dann sehr zermürbend, wenn Sie dies täglich über eine Woche wiederholen. Die Post-Its können auch leicht den Bildbereich des Monitors verdecken. Verschieben Sie diese Post-Its jedoch nicht zu sehr – also nicht so,

dass es direkt auffallen würde. Er soll ja an sich selbst zweifeln und nicht merken, dass dies durch externe Einflüsse geschieht.

Variation: Sie können dieses Vorgehen auch bei Figuren aus Wundereiern vornehmen, welche unser Mitarbeiter auf seinem Monitor stolz aufgestellt hat.

7. Verschieben Sie alle Dokumente des persönlichen Laufwerks Ihres Angriffsziels an einen sicheren Ort. Erstellen Sie anschliessend eine neue Textdatei namens „liesmich.txt" und legen Sie diese als einziges File im persönlichen Laufwerk des Benutzers ab. Editieren Sie den Text darin und schreiben Sie den Text „You've been hacked!" in dieses Dokument.

8. Benennen Sie die Datei „sol.exe" in irgendetwas anderes um – es wird den Benutzer zur Verzweiflung treiben, wenn dieser sein geliebtes Spiel nicht mehr starten kann.

9. Editieren Sie die Hosts-Datei auf dem Rechner Ihres Opfers und fügen Sie eine Zeile mit dessen Lieblings-Website ein, welche dieser andauernd während der Arbeitszeit besucht. Leiten Sie diese auf eine IP-Adresse Ihrer Wahl um und stellen Sie an dieser Stelle eine Fehlermeldung oder Falschmeldungen ein. Dies ist v.a. dann sehr wirkungsvoll, wenn es sich um eine Nachrichtenseite handelt, wo Sie Ihrer Kreativität freien Lauf lassen können, irgendwelche aktuelle

Meldungen zu fälschen. V.a. zu dem Zeitpunkt, wenn der Benutzer die brandaktuellen Neuigkeiten an seine Mitarbeiter weitergibt, um belesen zu wirken, sollten Sie zwingend in der Nähe sein, damit Sie etwas zum Lachen haben.

10. Veranstalten Sie einen kleinen Wettbewerb in der IT-Abteilung, welcher als Ziel setzt, die Desktops der Clients möglichst stark einzuschränken. Wer es als erster schafft, das Startmenü auf einen 1-Pixel grossen Balken zu bringen, hat gewonnen.

Hinweis: *Verwirklichen Sie diese Quälmethoden nach Belieben bei Ihren Benutzern. Ich möchte jedoch noch einmal explizit darauf hinweisen, dass ich nichts mit dieser Sache zu tun habe und jegliche Haftung und Schadensersatzansprüche ablehne!*

Klären Sie zudem anschliessend Ihr Opfer über die Sache auf, damit Sie auch Ihrer Schadenfreude freien Lauf lassen können!